Revolución Boliviana de 1952

Los monopolios mediáticos de la (in)comunicación recrean día a día la hegemonía de la historia oficial. Hartos de esos discursos globalizados y apologéticos, necesitamos nadar contra la corriente y recuperar la tradición revolucionaria. ¡Basta ya de aplaudir a los vencedores! ¡Basta ya de legitimar lo injustificable! Frente a la historia oficial de las clases dominantes, oponemos una historia radical y desde abajo, una historia desde el ángulo de los masacrados, humillados y desaparecidos.

En cada acontecimiento de la historia contemporánea se esconden la guerra de clases, la lucha entre la dominación y la rebelión; entre el poder, la resistencia y la revolución. Cada documento de cultura es un documento de barbarie. Debajo de la superficie laten y palpitan las rebeldías de los pueblos sometidos, la voz insurrecta de las clases subalternas, los gritos de guerra de los explotados y los condenados de la tierra.

Esta colección de autores jóvenes para un público también joven, pensada para las nuevas generaciones de militantes y activistas, se propone reconstruir esas luchas pasándole a la historia el cepillo a contrapelo. La contrahegemonía es la gran tarea del siglo XXI.

COORDINADOR DE LA COLECCIÓN: NÉSTOR KOHAN

Revolución Boliviana de 1952

Noel Pérez

New York • Oakland • London

Derechos © 2014 Noel Pérez

Derechos © 2014 Ocean Press y Ocean Sur

Todos los derechos reservados. Ninguna parte de esta publicación puede ser reproducida, conservada en un sistema reproductor o transmitirse en cualquier forma o por cualquier medio electrónico, mecánico, fotocopia, grabación o cualquier otro, sin previa autorización del editor.

Seven Stories Press/Ocean Sur
140 Watts Street
New York, NY 10013
www.sevenstories.com

ISBN: 978-1-921438-33-2

Library of Congress Control Number: 2009937206

Índice

INTRODUCCIÓN ... 1

DRAMA ÉPICO EN TRES ACTOS
    Acto 1. Insurrección victoriosa ... 7
        Entra en escena la heroica clase obrera minera ... 9
        Los campesinos se suman a la Revolución ... 14
        Celebración de los «vencidos» ... 16
    Acto 2. Cambiar para no cambiar ... 17
        La Revolución declina ... 19
    Acto 3. Todo es ilusión menos el poder ... 20
        El retorno de la tragedia ... 21

ANTECEDENTES HISTÓRICOS
    Orígenes de la formación social boliviana ... 25
    Insurrecciones indígenas: derrota
    del proyecto nacional independiente ... 26
        El incario ... 27
        La colonia ... 29
    La Guerra de la Independencia: los orígenes
    del Estado oligárquico ... 31
        La guerrilla independentista ... 32
        La independencia ... 34
    El Estado oligárquico (1880-1920) ... 36
        La Guerra Federal (1899) ... 37

La rebelión indígena de Zárate Willka	39
Las primeras organizaciones de trabajadores	40
La «rosca» minero-feudal	41
La revolución de julio de 1920	43

El período prerrevolucionario

El contexto de la época	49
La tragedia del Chaco y el surgimiento del socialismo militar	51
La economía boliviana	53
El despertar social y nacional	55
El movimiento obrero	56
El sindicalismo minero y la masacre de Catavi	57
El Primer Congreso Indígena y las insurrecciones en el campo	59
La izquierda nacional y socialista	61
El sexenio del terror	62
La *Tesis de Pulacayo*	64

La batalla cultural de la época

El mestizaje	71
Positivismo y vitalismo: Arguedas y Tamayo	73
El pensamiento nacionalista	75
Clase trabajadora, los indígenas y el mestizaje	76
El arielismo y la irrupción del marxismo	77
El proyecto educativo de la Revolución y su fracaso	79

La Revolución y sus medidas

Carácter de la Revolución	83
La participación norteamericana	86
La lucha ideológica	87
La Central Obrera Boliviana (COB)	88
La COB, ¿soviet o sindicato?	91
La nacionalización de las minas	92

La reforma agraria ... 95
El sindicalismo campesino ... 97

La penetración imperialista ... 101
La desnacionalización del petróleo ... 102
Acumulación capitalista ... 103

El mito del desarrollo: inventario de algunas falacias ... 105
La falacia del desarrollo agrícola ... 105
La falacia de la factibilidad de los proyectos ... 106
La falacia de que el desarrollo produce más desarrollo ... 107

La restauración de la oligarquía ... 108

La colonización del poder

Carácter del golpe de Estado de 1964 ... 113
El Plan Triangular ... 114
El pacto militar campesino ... 116
El Sistema de Mayo ... 117

La resistencia minera y la masacre de San Juan ... 119

El Che en Bolivia ... 121

Glosario ... 127

Breve cronología ... 131

Bibliografía ... 135

Sobre el autor ... 139

Introducción

¿Cómo está organizado este texto?

El primer capítulo es un relato histórico de los principales hitos de la Revolución de 1952 en Bolivia, que toma como sujetos principales a su campesinado indígena, a la clase obrera —minera, fabril— y a las masas plebeyas de las ciudades. Nos hemos apoyado en las crónicas de la época para reflejar la mentalidad de las clases populares y su participación concreta en la insurrección. Pero también insinuamos una hipótesis sobre por qué una clase social victoriosa abdica del poder conquistado: la excesiva fe en el progreso, imaginado como progreso de la sociedad toda. Un mito que llevó a ciertas corrientes de izquierda a considerar que la Revolución seguía un rumbo inexorable y directo hacia los objetivos de liberación nacional y social.

En el segundo capítulo buscamos entender la Revolución Boliviana de 1952 en sus motivaciones más profundas, lo cual no es posible sin conocer la génesis del país fincado en un pasado colonial que subsiste como colonialismo interno, de ahí el breve recuento de ese pasado milenario y colonial de la Bolivia profunda. Otra razón para esta mirada retrospectiva es evitar que se atribuya el papel exclusivo de redención social a la clase obrera, sin tener en cuenta la acción de las generaciones previas ni el odio y el espíritu de sacrificio con el que nutren tales generaciones las luchas del presente. Como señalara Walter Benjamin,[1] con este olvido se le cortaron a la clase obrera —la clase del futuro— los tendones de su mayor fuerza.

Abordamos en el tercer capítulo lo que, de manera esquemática, caracterizamos como etapa prerrevolucionaria, para recorrer los factores sociales y políticos esenciales que antecedieron a la Revolución. El inicio de esta etapa se puede ubicar cronológicamente a principios de los años 30, en el marco de una crisis mundial del capitalismo y una guerra internacional en América Latina: la Guerra del Chaco. Caracterizamos la etapa como de crisis de dominación.

En el cuarto capítulo no quisimos dejar de mencionar la atmósfera cultural de la época, impregnada, en el caso boliviano, de la cuestión indígena, el mestizaje y la escuela, esta última vista como medio de liberación enarbolado y creado por los propios indios, y fracasada como instrumento de la Revolución nacionalista.

El quinto capítulo ofrece una descripción de las principales medidas políticas y económicas de la Revolución, sus logros y fracasos, asumiendo una línea interpretativa de los hechos. La pregunta que guía la interpretación es: ¿en qué medida las necesidades del desarrollo económico ocasionan el debilitamiento y destrucción de estructuras sociales previas? Nuestra respuesta, sin pretender ser exhaustiva, es que el «desarrollismo», un experimento latinoamericano, en el caso boliviano, como en otros, ha demostrado su inoperancia, al mantener —y en muchos casos profundizar— las estructuras económicas y sociales previas, sin negar, también en el caso boliviano, los rasgos revolucionarios de este proceso.

---

1. Intelectual alemán muerto trágicamente a causa del nazismo en 1940. Es autor de las tesis «Sobre el concepto de historia». Fue un crítico radical de las «ilusiones del progreso» hegemónicas en el pensamiento de izquierda alemán y europeo.

El último capítulo aspira a mostrar lo que la historiografía boliviana ha denominado período de restauración oligárquica, que abarca el lapso 1965-1970, uno de cuyos hitos más relevantes, no solo para la historia local, sino internacionalmente, es la presencia del Che Guevara en Bolivia y su intento de impulsar la lucha definitiva por la liberación nacional y social de nuestros pueblos.

Drama épico en tres actos

Acto 1. Insurrección victoriosa

El poder no viene a los obreros por el mero proceso de su vida de clase, es excepcional y difícil de conservar, porque las clases se equivocan y la historia puede fracasar.

René Zabaleta Mercado

Los hechos que vamos a relatar fueron, sin duda, los acontecimientos más extraordinarios de toda la historia del país que desde 1825 se llama Bolivia. Tres días que estremecieron la conciencia latinoamericana y generaron profundos cambios en la formación social boliviana. Empezaron como un golpe de Estado y terminaron con la victoria insurreccional de la clase obrera minera, la fabril y las masas plebeyas de la ciudad de La Paz. Poco después irrumpieron en la historia del país los indios (luego se les denominará campesinos-indígenas y hoy —2008— se proclaman pueblos originarios). Entraron a ella como una montonera, lanzada a la lucha por la tierra, armas en mano, ocupándola y distribuyéndola.

En la madrugada del 9 de abril de 1952 se produjo un golpe de Estado fallido, promovido por el ministro del Interior de la Junta Militar, general Antonio Seleme, en acuerdo con el Movimiento Nacionalista Revolucionario (MNR). A la cabeza de la Junta —a la cual el presidente Mamerto Urriolagoitia entregó el gobierno luego de declarar nulas las elecciones convocadas por él mismo y ganadas por el MNR— figuraba el general Hugo Ballivián.

Aquella madrugada Seleme, además de entregar armas al MNR y sus militantes, propició el levantamiento de los carabineros (policía), y conjuntamente ambas fuerzas salieron a ocupar edificios públicos, radioemisoras y calles. A las ocho de la mañana el ejército sacó sus tropas y llamó a las guarniciones aledañas a defender el gobierno.

Los escenarios de la lucha por la toma del poder fueron La Paz, El Alto de La Paz y Oruro. Ambas ciudades, Oruro y La Paz, se caracterizan por estar circundadas por importantes distritos mineros. Cerca de Oruro se localizan San José, Huanuni y Colquiri, y en el norte de Potosí se encuentran Siglo XX y Catavi, mientras el distrito minero de Milluni es vecino de La Paz. Esta cercanía resultará, a la postre, estratégica para el desenvolvimiento de la insurrección.

La batalla decisiva se dio en la ciudad de La Paz (situada en un valle llamado popularmente La Hoyada) y duró tres días a partir del 9 de abril de 1952, en los que se produjeron encarnizados choques en los techos, en las ventanas, en las colinas y desde las posiciones más inverosímiles. La ciudad fue cercada por ocho regimientos, pero las masas ya habían salido a ocupar las calles, tomaron algunos arsenales policiales y uno militar. Se luchaba ferozmente. Hubo muchísimos muertos y cientos de heridos, y las calles, cuentan las crónicas, eran intransitables por tanta balacera.

En la noche el general insurrecto, sintiéndose derrotado, decidió rendirse y el MNR negoció los términos de la rendición con los mandos del ejército; otros se habían refugiado en las embajadas, pero los acontecimientos tomaron un rumbo irreversible. El pueblo había decidido resolver a su modo la crisis del poder, cortando de cuajo la vida de un régimen oligárquico y corrompido que se había mantenido con el empleo de los métodos más brutales de represión y terror.

Entra en escena la heroica clase obrera minera

Como se dijo, la importancia de la participación de los mineros en esta guerra fue determinante, a partir de su acción en Milluni (La Paz) y San José (Oruro). Los combates en Oruro, a cargo de los mineros de Siglo XX, Catavi, Huanuni y San José, cortaron la posibilidad de refuerzos a las tropas de La Paz; a su vez, los mineros de Milluni avanzaron sobre el regimiento Bolívar (Guarnición del Alto de La Paz), al que abatieron. En tres días de combate las fuerzas del orden fueron derrotadas y puestas en fuga; el ejército prácticamente se había desplomado.

Oscar Soria, un narrador boliviano, relata en uno de sus cuentos aquellas jornadas heroicas de los obreros del socavón, y refleja su idiosincrasia y su propio lenguaje:

> El Hermógenes escupe su «acullico» y —capaz que venga el capataz— se incorpora a trabajar. Moja su barreno [...]. En esto oye vagamente unos gritos: «¡aaaa! ¡aaaa!» Derrumbe —piensa—. Viene un compañero: «Salgan», dice... Las «jaulas» suben racimos de mineros verdes. Antes de llegar a la superficie, lo oyen: «Revolución en La Paz».
>
> La «cancha-mina» está llena de rumores y voces en la semiluz del amanecer que —como el padrino de una exposición de pinturas— levanta pausada y morosamente sus lienzos de bruma, dejando el cuadro de la mina limpito, nítido; los techos de zinc bien lavaditos; los muros recién enjabelgados —como para el 16 de julio...
>
> La algazara crece. «Al Sindicato», piden varios. «¡Reunión!» Un «orador» se encarama a un camión y grita: «Un momento, compañeros...!» «Sh... Shhhh...» —acallan a los que alborotan. Torna a hablar el líder: «Compañeros...: ha estallado revolución en La Paz. ¿Quiénes?..., ¿quiénes hay voluntarios para ir contra la Rosca?» «¡Fermi!», estallan cien voces que hacen ademán de cuadrarse militarmente. «Bueno, compañeros —termina

el del camión—, vamos a preparar movilidad!» «¡Bravooooo!», corea la multitud que fuma unos humitos blancos por las narices y las bocas.

El sol, a manotazos tibios, deshace el cuerpo algodonoso del amanecer resolviéndolo en un orvallo que cae blandamente en largas hilazas que, al desvanecerse, dejan una capa de sombra húmeda en la parda piel de los cerros que circundan la mina.

Largas horas tardaron en preparar la movilidad —que no había gasolina; que estaba mal la llanta; que no había chofer. Al final, «manu-militar», entre ellos y los de la mina Kala-Uyo, a donde fueron emisarios, habilitaron cuatro camiones. A eso de las diez, los motores de los cuatro «Inter» roncaban en las laderas de Chacaltaya, llevando ciento treinta mineros con los bolsillos repletos de explosivos.

A media mañana se acercaban a El Alto. Pararon. El jefe del Sindicato los reunió: «A ver... cuarenta. A este lao». Se apartaron cuarenta mineros de miradas torvas. «Ustedes van a ir a tomar la base aireo». «Otros cuarenta ¡Ya! Ya'ps. Ustedes vayan más aquí del Alto de Lima. Toman el camino». «El resto, conmigo, a la garita del Alto». Y a todos: «Yo voy a terar el denameta. Esa es el señal».

El Hermógenes iba detrás del Jefe, a gatas, como todos, saltando, como lagartijas, entre las matas de pajas amarillas. Ya se acercan... El jefe se yergue de repente, muerde la cápsula metálica, prende la mecha y, con un grito salvaje, la arroja: «aura, carajo...».

Un oscuro ancestro despierta gritos raros y feroces en los broncos pechos. Estallan las dinamitas esparciendo filudos cantos de piedras deshechas. Vuelan brazos, cabezas, pedazos de muros y techos. Se trizan y retuercen armas y hierros.

¡Los mineros!, se derrama el grito entre los combatientes. Se les humedecen las pupilas de emoción a los «fabriles» que se batían entre los eucaliptos de Munaypata y Pura Pura;

lloraban los carabineros y civiles que habían tomado, perdido, retomado y vuelto a perder el cerrito de Callampaya; gritaban y sacudían sus armas los civiles que desde el amanecer detuvieron el avance del «Sucre» y el «Pérez», por el lado de Tembladerani.

Ahora, en un empeño heroico, los revolucionarios obligan al enemigo a replegarse. Aquí, un civil se queda «ahí mismito», junto a un pedregal: en su camisa florecen tres «khantutas» cárdenas. Allá, otro corre, loco, en ansia hazañosa para, a poco, caer en un cañadón, quebrándose sobre sí mismo, como una airosa «sehuenka» que tronchara el viento... Los revolucionarios trepan los cerros hacia El Alto. Lentamente, en heroica lucha, suben los difíciles taludes de la Historia.

¡Los mineros! —cunde el pánico entre los enemigos.

Los mineros toman la Base Aérea. El «Bolívar» abandona sus piezas y se entrega. Grupos de infantes del «Pérez» y del «Sucre» desfilan con los brazos en alto. Se rinden la Escuela Técnica de Viacha y el «Abaroa».

Nuevos grupos civiles se arman con las armas capturadas y mientras unos conducen a los «rendidos» al Penal de San Pedro, otros corren a reforzar las líneas ya débiles de los defensores de Killi-killi, Miraflores, Laikakota, Sopocachi y el Parque Forestal.

Por el Orko-hahuira, la avenida Arce, el cauce del Choqueyapu y el Parque Forestal, el «Lanza», el Colegio Militar y el Batallón de Ingenieros, habían ganado ese jueves media ciudad, en avance sangriento —cubierto permanentemente por un inhumano bombardeo de la ciudad con morteros y piezas 75. En Miraflores, deshicieron ventanales, hundieron techos, voltearon muros; barrieron hasta el último defensor de las barricadas que los civiles les opusieron en cada esquina. Sus impactos tremendos llegaron hasta cerca de la Universidad, por la avenida Arce. Dejaron tendales de muertos entre las catedrales de arcilla azulosa del Parque Forestal.

Pero ya llegan los del pueblo. ¡Jim, auqui!... ¡Sonale, tatay!... ¡Aura, carajo!... Es el dramático principio del fin.

[Oscar Soria: «Preces en el cerro», citado en Justo: 2007].

El ejército se enfrentó al pueblo con lo mejor de sus tropas, como el Colegio Militar. El pueblo usó prácticas de guerra de guerrillas aprendidas en la Guerra del Chaco, tácticas conocidas como «corralitos», sin mandos centralizados, con emboscadas a pequeñas unidades o grupos de enemigos, que los paraguayos empleaban contra las tropas bolivianas; al mismo tiempo, obstruían el abastecimiento logístico militar. La única opción que le quedaba al ejército era usar la aviación para bombardear La Paz, o arrasarla con armas pesadas, y optaron por lo primero.

Otro pasaje de la Revolución es relatado por un importante historiador y novelista:

> La música infernal que había comenzado en la madrugada del 9 cesó por un instante. Después de los dos días y las dos noches encendidas al rojo vivo, parecía que el tiempo se había detenido para que la paz nacional sea eterna y duradera. Los grupos de combatientes que amenazaban un peñón ocupado por los soldados del regimiento «Lanza», sonrieron. Comprendían que la derrota de los enemigos estaba más cerca que nunca del peñón. Pero la música no se había extinguido definitivamente. Sonaron dos disparos de revólver como dos notas desacompasadas, sueltas, de la melodía que se ejecutaba. El aire recibió los estampidos y los delató largamente. Los combatientes se miraron primero desconcertados y después reaccionaron. Uno de ellos gritó eufórico:
>
> —¡Qué macana! ¿Con tiritos de revólver nos van a asustar? ¡Adelante compañeros!
>
> Y la gente, armada de piedras y palos, se lanzó al asalto encabezada por dos obreros que empuñaban unos rifles viejos

que, ayer en la tarde, habían recibido en la secretaría de la Federación de Trabajadores Fabriles.

—¡Adelante! ¡Adelante!

Los atacantes subieron profiriendo gritos y lanzando piedras. Los dos obreros fueron los primeros en llegar y ser divisados por los sorprendidos conscriptos.

—¡Los civiles! —gritaron alarmados—. ¡Los civiles! ¡Los civiles! —y echaron a correr despavoridos, abandonando sus armas.

El primero en huir fue el capitán Oscar Lavayén, que estaba al mando del grupo de soldados. Tomaron el bastión que dominaba algunas importantes calles de Miraflores. Los dos fusileros no se detuvieron: siguieron en persecución de los conscriptos y del capitán, lanzando tiros al aire. Algunos soldados que por el cansancio no pudieron escapar, se entregaron llorando y temblando. Los rostros estaban desencajados por el hambre, el miedo y la fatiga. Llegaron más grupos de combatientes.

—¡Viva el triunfo, compañeros!

Al llegar al puesto estratégico que ocupaban los soldados del «Lanza», casi un hoyo en plena Ceja, hallaron un mortero, una ametralladora, tres fusiles y bastante munición. Y también encontraron a un soldado agonizante. Se acercaron a socorrerlo.

—Agua... Agüita... —pidió.

—¡Agua! ¡Agua! ¡Traigan agua! —gritaron a las cholas que estaban cerca, ayudando a los combatientes.

Las mujeres, presurosas, al instante trajeron bastante agua. El conscripto estaba herido en el pecho. Le hicieron sentar y desabotonándole la blusa. Se había desangrado mucho.

—Agüita... —pidió.

Le dieron de beber. Notablemente recuperó por un instante. Habló con dificultad.

—El capitán..., mi capitán me ha baleado... porque queríamos darnos la vuelta... Yo soy mecánico, obrero... soy de Potosí...

Volvió a beber otro sorbo de agua. Quiso seguir hablando y ya no pudo. Movía los labios, y, no le salía nada, se desesperó. Abrió los ojos desmesuradamente y lanzó una mirada piadosa a todos los que le rodeaban. ¡No quería morir! Y la muerte ya estaba encima. Una mujer del pueblo lloraba. Dejó de existir. Los combatientes, gente noble y buena, gente del pueblo, no supieron qué decir. Otro más que se iba... En estos días habían visto morir a tantos hombres, con caras humanas, como si nada fuera la vida. Salió un grito de la multitud:

—¡Viva la clase obrera!, todos los combatientes respondieron.

—¡Viva Bolivia libre!, y todos los combatientes como un solo hombre.

—¡Abajo la rosca y el imperialismo!

[Néstor Taboada Terán: «La aurora del anhelo victorioso», citado en Justo: 2007].

Las batallas encarnizadas de los mineros y la lucha del pueblo (obreros fabriles, masas pobres y hasta el lumpen) determinan, finalmente, la rendición del comandante en jefe del ejército, general Torres Ortiz, en Laja, a 20 kilómetros de la ciudad de La Paz.

Los campesinos se suman a la Revolución

Los obreros, particularmente los mineros, constituyen un núcleo social en el que se comparten intereses y cuya organización productiva une y articula, territorial y socialmente, a diferencia del movimiento campesino, que no es homogéneo, pues existen diversidades culturales, territoriales y raíces históricas diferentes aunque también comunes. Rompiendo con el pasado, esta vez la

Revolución alcanzó al campo. Desde tiempos previos a la insurrección, ya circulaba en los medios rurales la idea de que el poder iba a ser ocupado por grupos que estaban decididos a quitar la tierra a los grandes latifundistas. Por otra parte, el ayllu había sido siempre una identidad reprimida y comenzaba a aflorar. La insurrección llegó. Llegó también el momento de sus reivindicaciones.

Después que se promulgó la Ley de Reforma Agraria en 1953 se desató en el campo un movimiento social poderoso. Mucho antes del decreto, 100 000 campesinos habían ocupado la ciudad de La Paz exigiendo esta medida. Aparecieron además las armas del campesinado aymara y quechua. Esas armas, que tienen historia propia, se las habían ganado los campesinos del altiplano y los valles en la Guerra del Chaco, cuando las fuerzas armadas les entregaron fusiles máuseres para defender «su patria».

La insurgencia campesina se manifestó tanto en el valle (Cochabamba y zonas del valle de Potosí) como en el altiplano (La Paz, Oruro), con diferentes grados de profundidad, pero fue en los valles, principalmente en Cochabamba, donde se dio con mayor intensidad. Néstor Taboada Terán, en su ya citada obra, cuenta así un hecho de la insurgencia campesina:

> Los ex siervos que escucharon y comprendieron en su significado eminente las palabras de los líderes de la transformación agraria comieron su *kokawi* [merienda de los campesinos], bebieron su chicha buena [bebida alcohólica de maíz] y se lanzaron al saqueo de las casas patronales con el deslumbramiento de la búsqueda de armas ofensivas. Rosca *Chincanan tiyan sapinman pacha*. ¡La rosca oligárquica tiene que desaparecer de una vez por todas! En Aramasi el patrón intentó resistir la requisa de la casa de hacienda pero lo acorralaron las multitudes, le sacaron los zapatos, los pantalones y desnudo por las calles lo azotaron hasta acabar con su vida. *Wañarqapacullasca*, se murió, por sí mismo el muy pillo. Y la masa que probó el sabor de la sangre, presa de frenética exaltación, se

dedicó a la caza de terratenientes. Lo encontraron al chueco Rivera, dueño del latifundio de San Gerardo y lo arrojaron a un pozo profundo y le tiraron piedra sobre piedra hasta enterrarlo vivo. Igual que en Pajpani, igual que en Torolapa. Los ganados se repartieron. Destrozaron los huertos. Talaron los árboles. Los caudillos agrarios y las autoridades políticas, jefes de comando, prefectos y subprefectos, reclutados de reuniones operarias, peluqueros y zapateros de barrios marginales se posesionaron de las parcelas y pegujales que consideraban mejores. También se posesionaron de la Hacienda del *Qhewa* (cobarde) que huyo sin noticia, dejando por siempre sus látigos colgados en los portales de la hacienda. En vano fue buscado. El Tata Villafane feliz de su obra. Las montoneras subversivas de ex pongos y *mitanis* habían sido aleccionadas por él. En medio de las multitudes embriagadas con banderas y música, vómitos y gritos destemplados, iba en *wanto* (arrastrado por otro). Borracho, bañado en sudor mortal, apenas podía balbucear *tucucapun gisphayminta jichananchij*, se terminó la época de echar los orines de los patrones.

CELEBRACIÓN DE LOS «VENCIDOS»

...en filas compactas, con los fusiles al hombro, comenzaron a desfilar los manifestantes [...]. Eran obreros y campesinos de los alrededores de La Paz... Rostros curtidos con expresión inmóvil, cabellos negros y duros como alambres, bocas verdes de coca, pómulos salientes, ojos estirados, gorros de lana multicolores, chambergos grasientos y agujereados, y rostros y más rostros tallados en piedra, cientos de rostros parecidos, iguales, indiferenciados... pasaban y pasaban en silencio, las mandíbulas apretadas por la decisión y el fusil contra el pecho. Ese fusil al hombro que habían conquistado con sangre en las horas de la guerra civil quitándoselo al militar «rosquero»... Ningún ejército arrasará ya la indefensa población de

Catavi ni ahogará en sangre ninguna huelga proletaria, porque el ejército de la Rosca ya no existe, el pueblo tiene armas y solo las pondrá en manos de quienes confíe en que no podrá traicionarlo.

[A. Ortiz: «Amanecer en Bolivia», crónica de la época citada en Justo: 2007].

Obreros y campesinos desfilan con armas en los hombros ante el Palacio Quemado, sede del gobierno. Las víctimas del coloniaje y del capitalismo, en esos radiantes días de abril, se irguieron victoriosas frente a sus vencedores de ayer: montan guardia los plebeyos en el Palacio. La Revolución ha comenzado. «La revolución ahora debe elegir las formas de su existencia y aquí se inicia una historia que tendrá varias caras...» (Zabaleta: 1967).

Acto 2. Cambiar para no cambiar

Cinco años después, con motivo del aniversario de la Revolución Nacional, en un periódico se relataba:

El paso de los mineros por la Plaza Murillo fue sensacional; entraron marcando paso de parada en perfecta formación, uniformados y portando toda clase de armas. El público prorrumpió en manifestaciones de júbilo y admiración al ver la estricta disciplina de los mineros y su fe revolucionaria demostrada en los carteles que llevaban. A las 16 horas ingresó en la Plaza Murillo, la Federación Sindical de Trabajadores Mineros de Bolivia (la famosa F.S.T.M.B.) encabezada por el Secretario General, Mario Torres Calleja, y miembros de su directorio. Detrás seguía el regimiento «Juan Lechín Oquendo», del Distrito Minero de Huanuni, uniformados con camisas kaki, pantalón azul, «chocolateras» y cascos café, con sus fusiles y ametralladoras livianas al hombro. El regimiento con su banda propia pasó frente al Palco Presidencial marcando paso de parada, en impecable formación. «Lo que con sangre conquistamos, con sangre defenderemos», era el cartel que portaban las Milicias Armadas de Bolsa Negra. Pasaron por el Palacio en perfecta formación, uniformados con sacos plomos y pantalón azul, saludando al Presidente con la clásica V. La Policía Sindical de Siglo XX se presentó en el desfile portando un cartel que decía: «Rotas las cadenas de la opresión feudal, marchamos hacia el progreso». Pasaron por la Plaza Murillo vivando a la Revolución Nacional, a Hernán Siles Zuazo, Víctor Paz Estenssoro, Ñuflo Chávez y Juan Lechín. A continuación desfilaron: las Milicias Armadas del Consejo Central-Sud de Trabajadores Mineros, Milicias Armadas y Regimiento «Víctor Paz Estenssoro» de Chocaya-Animas. El destacamento «Juan Lechín Oquendo» del Sindicato de Trabajadores de Milluni, con su banda propia y uniformados con sacos impermeables amarillos, pantalón azul, chocolateras y cascos, llevando un cartel que decía: «Viva la Revolución Nacional». Desfiló con paso de parada y con la mano en alto haciendo la V. Atrás seguía el Destacamento «Mario Torres», del Ingenio de «Machacamarca», uniformado con chamarras de cuero café, pantalón azul, chocolateras y cascos verdes. «Revolución es progreso. Progreso es felicidad», rezaba el cartel que portaban las Milicias Armadas de la Mina Caracoles. Su paso fue largamente aplaudido. Iban uniformados con pantalón azul y camisa kaki. Luego las Milicias Armadas de Chojlla, después el Destacamento «Waldo Ballivián», de Colquiri, uniformados con camisa y pantalón kaki, verde. Cerrando el desfile de trabajadores mineros pasó frente al Palacio de Gobierno el Batallón «dinamiteros de Corocoro», portando cargas de dinamita y fulminantes.

[Diario *La Nación*, La Paz, 11 de abril de 1957, citado por Justo: 2007].

La Revolución declina

También en esa crónica se describe el desfile de las Milicias Armadas Campesinas, y se anota que:

> 28 mil campesinos concurrieron a testimoniar su fe revolucionaria [...]. Los Regimientos, Centrales Sindicales, Cooperativas Agrícolas, desfilaron encabezadas por Ñuflo Chávez Ortiz, demostrando marcialidad, disciplina y entusiasmo los manifestantes [...]. Cabe destacar que muchas de las diferentes organizaciones campesinas se presentaron correctamente uniformadas y armadas; en el caso del Regimiento Campesino «Ñuflo Chávez Ortiz», fue impecable su presentación. Los cascos al estilo militar, las chaquetas azules y los pantalones blancos con vivos rojos, les dieron una característica magnífica a la unidad que ostenta el nombre del actual Vicepresidente de la República y Secretario Ejecutivo de la Confederación Nacional de Trabajadores Campesinos, de Bolivia, señor Ñuflo Chávez. Igualmente motivó elogiosos comentarios la marcialidad evidenciada en el paso de parada que ofrecieron frente al Palacio y la V en alto dirigida hacia el Presidente Siles, de los Regimientos Campesinos «Hernán Siles Zuazo», «Álvaro Pérez del Castillo», «Juan Lechín Oquendo», «Vicente Álvarez Plata», «Juan Luis Gutiérrez Granier» y otros, quienes no solo portaban el fusil al hombro, sino también carteles donde podía leerse: «Maestros a sus libros», «Queremos más escuelas», «Viva el Gobierno M.N.R. y C.O.B.», «En la Reforma Agraria radica el triunfo de nuestra Revolución», etc.

Para esta época algo había cambiado, de manera sutil pero profunda. Las banderas ya no eran las mismas, aquellas que decían: «el pueblo tiene armas y solo las pondrá en manos de quienes confíe en que no podrán traicionarlo», fueron cambiadas por: «Revolución es progreso. Progreso es felicidad», «Rotas las cadenas de la opresión feudal marchamos hacia el progreso».

Las clases sociales que hicieron la Revolución eran las mismas, esas que habían luchado y triunfado. Los «líderes de la Revolución»: Víctor Paz Estenssoro, Hernán Siles Zuazo y Juan Lechín Oquendo, entre los principales, seguían a la cabeza del proceso. Las armas aún continuaban en manos de los victoriosos obreros y los campesinos sublevados. Lo que había cambiado era algo sustancial, que resultaría fatal para el curso de la Revolución. Las consignas de «desarrollo» enarboladas por sus gobernantes se las apropiaron las masas obreras, pensando, quizás, que era el cumplimiento genuino de una promesa.

La mística revolucionaria había sido canjeada por el mito del progreso y el desarrollo.

Acto 3. Todo es ilusión menos el poder

Buenos días señor presidente. Habla vicepresidente República. Acabo tener conocimiento graves acontecimientos. Acabo tener conocimiento unidades militares han sido desarmadas... Deseo pedirle que las unidades sean respetadas en su integridad... Si los acontecimientos continúan en este curso de desenfreno, de levantamientos, huelgas, guerrillas y otros que ponen en riesgo a la nación... Propongo... pongamos el gobierno en manos de una Junta Militar.

[Citado en Zabaleta: 1995].

Con este fragmento del diálogo entre Víctor Paz Estenssoro, presidente, y René Barrientos Ortuño, vicepresidente, en noviembre de 1964, comienza la conjura que terminará con la presidencia del primero y encumbrará al poder al segundo. Se trató de un golpe de Estado pensado y proyectado por la política norteamericana. El golpe fue ejecutado, en parte, por agentes de la Agencia Central de Inteligencia norteamericana (CIA), con el líder que habían creado: Barrientos. Fue el último acto de una revolución sometida, desorientada desde sus orígenes; en el temprano día en que se tomó el poder en 1952, estaba presente ya el germen de su destrucción: su proyecto de nación.

La Revolución comienza con una traición. Su derrota también. Una paradoja que en el caso de la historia política de Bolivia no es extraordinaria, pues su acontecer está plagado de traiciones.

La madrugada del 4 de noviembre de 1964, otra vez un general, al cabo de dos días, logra derrocar al presidente constitucional, Víctor Paz Estenssoro, y ensangrentar al pueblo. El golpe, como una trágica venganza, triunfaba. Comenzaba la restauración oligárquica.

La frase «todo es ilusión menos el poder», pronunciada por un revolucionario chino, empezará a cobrar sentido en su cabal dimensión para la clase obrera boliviana cuando comience a percatarse del cambio de rumbo que tomó la Revolución.

Con el golpe de Estado la clase obrera minera volverá a ser masacrada en sus campamentos. Esta tragedia para los mineros se repite una y otra vez, trayendo a su memoria lo que generaciones pasadas habían sufrido en sus propios cuerpos.

El retorno de la tragedia

Walter: «El 23 en la noche, en Huanuni estábamos reunidos y vimos cómo las tropas ingresaban al ferrocarril en doce vagones [...] se trató de avisar a Siglo pero ya no había comunicaciones, se buscó para avisar por la radio, pero el director ya estaba brindando y no creyó en la información».

Vidal: «Esa noche decidí no tomar y pedir permiso para salir temprano de la mina para almorzar con mi alojado [alude a los delegados asistentes al ampliado minero convocado para el día 24]... Desde mi puerta he escuchado las ráfagas. Desde Oruro había llegado el [Regimiento] Camacho y otro grupo llegó por tren y bajó desde Cancañiri y Miraflores. [...] todos avanzaban disparando con ametralladoras y morteros».

Gregorio: «El dirigente sindical Rosendo García Maisman, al despertar sobresaltado por el tiroteo, no se resignó a quedar inactivo. Un primer impulso lo llevó a parapetarse detrás de una ventana y a desafiar él solo a todo el ejército. Frente al sindicato caían heridos tres policías, y el Teniente Gabriel Sequeiros, que comandaba el grupo, dejó de existir poco rato después. Rosendo García caía a su vez herido por una bala».

Domitila (en el entierro de las víctimas): «No se puede aguantar esto. ¿Cómo es posible que a la clase trabajadora, a la gente que se sacrifica, que está trabajando, que está enriqueciendo al país, se la tenga que matar así? No es justo lo que han hecho con nosotros. Si el gobierno mismo nos ha quitado nuestro salario, y lo único que pedíamos es lo que en justicia nos corresponde... Y que nos maten así, no es justo. ¡Cobardes! ¡maricones! —les grité— ¿por qué no van allí a las montañas? Allí hay hombres armados que los están esperando. ¿Por qué no van a pelear ahí? [...]. Nosotros también tenemos pantalones, tenemos hombres valientes. Y solamente porque no tenemos armas no podemos defendernos de este asesinato».

[Testimonios en el Encuentro por la Recuperación de la Memoria, Cochabamba, julio de 2003, citados en Soria Galvarro: 2007].

Esto sucedió en junio de 1967, pero antes, en 1921, en 1942, en mayo de 1965... La historia se repite para la clase obrera minera, como el tormento de Sísifo de la mitología griega. La misma metodología, el mismo ejército: antes del 52, al servicio de la «rosca» minero-feudal; en 1965 y en adelante, al servicio directo del imperialismo norteamericano.

Se cierra el drama con un final trágico en 1965. En 1967 esta masacre marca el comienzo de un nuevo capítulo de la lucha de la clase obrera.

Antecedentes históricos

Orígenes de la formación social boliviana

> *Para que la redención pueda producirse, es necesaria la reparación [en hebreo,* tikkun, *la humanidad restituida, salvada, restablecida] del sufrimiento, de la desolación de las generaciones vencidas, y el cumplimiento de los objetivos por los cuales lucharon y no lograron alcanzar.*
>
> Michel Lowy

El destino de Bolivia, aún antes de ser denominada así, ha estado ligado a la minería. Fue el mercantilismo europeo —desde los tiempos de la conquista y colonización española— el que le dio vida, esplendor y sentido a Potosí, un «esplendor inútil» a decir del sociólogo boliviano René Zabaleta Mercado. El colonialismo español, al introducir las nociones de abundancia y carencia, la competencia y el «individuo» en medio de la cultura colectivista propia de los pueblos originarios de estas tierras, estaba sentando las bases de su desarrollo deformado. Potosí no es todo el Alto Perú (hoy Bolivia), pero es una pieza clave para entender el porqué de su de-formación, de su invasión y saqueo. La minería y el trabajo forzado de sus hijos en forma de encomiendas y tributos fue la base del coloniaje español.

Insurrecciones indígenas: derrota del proyecto nacional independiente

Entre 1780 y 1782 en el Perú y en el Alto Perú se produjeron importantes insurrecciones indígenas que sacudieron las estructuras del poder colonial español, luego de que a mediados del siglo XVI los conquistadores españoles vencieran y asesinaran a Atahuallpa en Cajamarca. Los más significativos como proyectos revolucionarios entre estos movimientos insurreccionales fueron el de Tupaj Amaru en el sur andino peruano, el de Tupaj Katari en el altiplano norte de Bolivia y el de los hermanos Katari en el norte de Potosí.

También mujeres indígenas, como Gregoria Apaza, Bartolina Sisa y Micaela Bastidas, son decisivas en la conducción de estos hechos. El acusador realista Diez de Medina en el juicio a Bartolina Sisa, la compañera de Tupaj Katari, dijo que «capitaneaba a nuestra vista a los rebeldes» y «suplía como principal mandona en los asedios de la ciudad, las faltas y ausencias de su marido». El calificativo de capitana a Bartolina deja claro su papel decisivo, así como el de otras mujeres.

Estos levantamientos no constituyeron simples rebeliones precursoras de la Guerra de la Independencia (1809-1825), sino que fueron parte de un proyecto propio y revolucionario de las naciones originarias del Tahuantinsuyo (al que nos referiremos también como incario, por ser el inca el soberano de este sistema social) por recuperar su desarrollo autónomo, capacidad que fue sometida por la conquista y el colonialismo español mediante el despojo, la explotación y la opresión. Fueron revolucionarios en la medida en que la lucha anticolonial que desataron buscaba cambiar la estructura dominante: no solo reformas, sino la realización de un proyecto histórico nacional de alcance continental. Por otra parte, apuntaban a la construcción de una patria independiente planteándose una alianza con los criollos, mestizos y negros, que les permitiera realizar actividades comerciales propias y desarrollarse.

El incario

¿Qué era el incario, en términos de organización social? Según algunos historiadores, fue «La esclavización colectiva de una clase por otra, basada en la propiedad en común de la tierra por la clase dominante» (Justo: 2007), y el sistema comunitario de la propiedad de tierras y su explotación estaba en vías de desaparecer por repartos o mercedes de los incas; por tanto, el régimen incaico debería ser considerado como una formación social clasista.

Otros, en cambio, han señalado que este tipo de esquematizaciones —esclavismo, feudalismo— tienen raíz en una herencia que ha calado hondo no solo entre aquellas personalidades aferradas a la conservación del statu quo, sino también en quienes buscan una transformación revolucionaria: querer explicar el desarrollo histórico de esta parte del mundo mediante esquemas europeos, que dividen la historia en dos etapas: la civilización (moderna occidental) y la barbarie (lo que precede a la modernidad capitalista). Esta visión eurocéntrica es la que ha llevado a intentar acomodar la civilización incaica al lecho de Procusto del «feudalismo» o el «esclavismo». De ahí que no se comprenda que Bolivia no es una creación occidental, por lo menos culturalmente.

El incario era una organización social y política, equilibrada y extensa, y su estrategia política tenía densidad cultural. Aunque no conocían la rueda, contaban con una infantería magistral y un sistema de caminos vastísimo, y estaban documentados acerca de sí mismos. Su organización social se basaba en equilibrios de reciprocidad y ecológicos. Los españoles fracasaron en su intento de sustitución «civilizatoria» cultural, pero cortaron el curso de aquel cuerpo histórico.

Para dominar se requiere una estrategia de dominación. Los dominados no son sujetos pasivos: desarrollan formas de resistencia que en su transcurso configuran una estrategia de liberación; ya que la derrota material no podía ser revertida por los originarios, al menos tenía que reconocerse a los vencidos el derecho a conservar lo que quedaba de sus territorios, a gobernarse por sus propias autoridades étnicas (los *mallkus*, *Kuraqas* o caciques de sangre) y a acogerse al fuero especial de la legislación indiana, como súbditos directos del rey de España. Estos derechos pasaron a formar parte de la memoria colectiva aymara, como si en el siglo XVI se hubiera llegado a una suerte de «tregua pactada» entre colonizados y colonizadores. Tregua, porque entre desiguales no puede haber pacto. Un pacto es, al menos en teoría, un acuerdo entre iguales, y ese no fue el resultado de la conquista y las reformas posteriores, ni siquiera el de la llamada «independencia nacional». Pero la tregua permitió la coexistencia conflictiva entre colonizadores y colonizados, en la que las formas de resistencia pasivas y violentas, esporádicas, fueron una constante en esta suerte de dos repúblicas.

Las insurrecciones tupacamaristas y cataristas son el intento más serio de quiebre de la tregua pactada y marcan el surgimiento de una estrategia política propia de los pueblos originarios para su liberación, con el objetivo de construir una sola patria basada en la reconstitución del Tahuantinsuyo, en la que la hegemonía ideológica y política la ejercería el sujeto social indio. Una estrategia que no fue segregacionista ni excluyente, porque no excluía ni a mestizos ni a criollos.

La investigadora boliviana Silvia Rivera (1993) explica la dialéctica de esta resistencia a partir de la creación de «dos repúblicas»: «Desde el punto de vista del estado colonial, la segregación física y normativa de ambas poblaciones era necesaria para evitar el total exterminio de la fuerza de trabajo indígena y para poner límite a los intereses privados de los colonizadores».

La segregación física, territorial, entre comunidades indígenas y pueblos de indios respecto a los pueblos de criollos y mestizos, fue un aspecto de esta suerte de *apartheid* colonial; el otro fue la segregación racial a través de un rígido sistema de castas, en el que la «categoría» raza pasó a desempeñar un papel económico para determinar la organización productiva.

Importa menos, para los fines de este trabajo, tratar de sustantivar o adjetivar esta organización social precedente a la colonia, frente a la necesidad de entender las consecuencias sociales que el sistema colonial tuvo para sus clases subalternas.

La colonia

¿Qué clase de organización social se generó en el Alto Perú bajo el dominio de la Corona de España?

De las sociedades comunales tributarias preexistentes se pasó a una sociedad colonial híbrida, inserta en el sistema de mercado mundial capitalista en expansión y subordinada a su lógica, que estaba basada en relaciones de dominación colonial en las cuales el racismo se constituyó en fundamento ideológico de la superexplotación de la mano de obra indígena. Esto ocasionó un desarrollo desigual y combinado de las formas sociales capitalistas con las precapitalistas del ayllu.

Los españoles instauraron a su llegada el sistema de la encomienda, que consistía en entregar al encomendero la autoridad sobre cierto número de familias indígenas (los ayllus) que debían trabajar en su beneficio, bajo la condición de protegerlos y cuidar de su instrucción religiosa (no olvidar que los expedicionarios españoles de la conquista, que partieron de las costas europeas en 1492, eran, en su gran mayoría, aventureros, mercaderes, ladrones o curas fanáticos). José Martí (1853-1895), patriota cubano y latinoamericano, dirá acerca de este hecho que se trata de la ingerencia de una civilización devastadora.

El sistema que se implantó no fue feudal como en Europa (economías cerradas de auto subsistencia). El colonialismo estaba estructurado sobre la base del desarrollo de una economía colonial minero-exportadora y una agricultura que abastecía a los centros mineros o a los mercados europeos, y por tanto se articulaba al sistema mercantilista mundial. La religión constituyó la justificación ideológica de este proceso.

¿Fue progresista este sistema colonial basado en las encomiendas?

Se ha pretendido justificar el despojo y destrucción de las naciones originarias de esta parte del mundo con la idea del «progreso». Para algunas corrientes historiográficas y concepciones ideológicas, el argumento central que explica la conquista será siempre el del progreso como sinónimo de la modernidad capitalista, superior a todo lo que le antecede —una concepción lineal de la historia a la que ya hemos hecho referencia. No es un exabrupto caracterizar al colonialismo como un sistema «invasor, ladrón, destructor, regresivo, genocida y etnocida», pues de progresista tuvo muy poco.

Para los que intentan historiar desde América Latina —*Abya Yala* fue su nombre originario—, la historia no es mera consecuencia lineal de los hechos, sino simultaneidad, una condensación del pasado y el futuro en un tiempo presente. Un alemán como Walter Benjamin, de pensamiento no eurocéntrico, señalaba que la revolución es una cuestión de redención: «reparación del sufrimiento, de la desolación de las generaciones vencidas, y el cumplimiento de los objetivos (como los de Tupaj Amaru por ejemplo) por los cuales lucharon y no lograron alcanzar» (Lowy: 2002).

Muchos consideran que la tarea de colonización española en América fue obra de la «sagacidad política» de los gobernantes peninsulares. Habría que decir que más que sagacidad, lo que hubo fue un sistema de dominación que combinó el uso de la fuerza con la seducción.

Una mirada a los hechos insurreccionales del siglo XVIII —cuyos protagonistas principales, no únicos, fueron los Amaru y los Catari—, bajo la perspectiva de los movimientos subalternos, nos permite aseverar que no tenían otra finalidad que la de liberar al indio de las cadenas de opresión coloniales, que se habían tornado francamente insoportables. No por gusto Micaela Bastidas, la pareja de Tupaj Amaru, en los momentos previos a los hechos insurreccionales, aseguraría: «Ya no tengo paciencia para soportar todo esto».

La Guerra de la Independencia: los orígenes del Estado oligárquico

Dos proyectos emancipadores se contraponen en el largo proceso de la Guerra de la Independencia que duró más de quince años, desde el «grito libertario» del 25 de mayo de 1809 inspirado en la Revolución Francesa y la «Proclama de la Junta Tuitiva» de la revolución de julio del propio año, en La Paz, con su carácter eminentemente separatista, cuyo objetivo era lograr: «una nueva Constitución americana» que rompiera con la Corona española, pero no planteaba destruir el régimen colonial ni el derecho indiano, a pesar de que la revolución paceña se basaba en una alianza con los indios.

Ya sea que se trate de un proyecto liberal, revolucionario en las circunstancias de principios del siglo XIX, o meramente separatista y por tanto conservador en su esencia, no se plantea liberar verdaderamente al indio de la servidumbre. Luego de las derrotas de las grandes insurrecciones indígenas del siglo XIX, que como se dijo tenían un proyecto propio, el cuerpo de las «revoluciones» será siempre indígena, pero la cabeza será la de un blanco, no tanto por las connotaciones étnicas de la metáfora, sino por la ideología liberal y las políticas conservadoras (coloniales) imperantes en las castas dominantes, que se irán alternando en sus pugnas por el poder. Aquí ya se puede vislumbrar una constante a lo largo de la historia de lo que después será Bolivia y de las luchas emancipadoras de sus clases oprimidas: el pensarse con cabeza ajena.

La batalla de Suipacha (1810) había logrado liberar al Alto Perú, y motivará el reconocimiento de Potosí, Charcas, La Paz y Oruro a la Junta de Buenos Aires. Castelli, el jefe militar del primer ejército auxiliar argentino, apelaba a la movilización de los indígenas para que de manera voluntaria se levantaran y apoyaran la causa de la independencia, e incluso se elaboraron proclamas en aymara y quechua. Esta voluntad de incorporar a los indios a la lucha por su liberación entraba en conflicto con la clase dirigente altoperuana, cuya base social eran los criollos enriquecidos, terratenientes, magnates mineros y clero, y esta casta, a la que se denominó irónicamente «los doctores de Charcas», se resistió a emancipar al indio de su servidumbre.

La derrota del tercer ejército auxiliar enviado de Buenos Aires al mando de José Rondeau, en enero de 1815, pondrá fin a los intentos de lograr la independencia desde Buenos Aires, con lo que la clase dirigente altoperuana rompió todo contacto con el resto de las provincias argentinas.

LA GUERRILLA INDEPENDENTISTA

Se abre, a partir de los hechos señalados, el largo período denominado «guerra de las republiquetas», que de acuerdo con el historiador argentino Bartolomé Mitre, se caracteriza por su «extraordinaria genialidad»: guerrillas sin centro ni caudillo. Lo más singular de este movimiento es que la masa pertenecía a la raza indígena y mestiza, y estaba imbuida del «mito del inca», o sea, el restablecimiento del imperio de los incas, la «mitología de la revolución». Este mito no solo influyó a las masas guerrilleras altoperuanas, sino también a los patriotas argentinos.

Los indígenas desempeñaron un papel preponderante en la guerra de liberación. Un ejemplo sobresaliente y documentado es el de la guerrilla de Ayopaya (ubicada en lo que hoy es parte del departamento de La Paz y Cochabamba), la mayoría de cuyas tropas eran aymaras de la región de Inquisivi, una provincia[2] paceña. Se trataba de un grupo de trescientas a quinientas personas como máximo, y contaron con el apoyo de las comunidades indígenas de los valles (quechuas en su mayoría), que les agradecieron la supresión de los tributos. Sus fuentes de financiamiento fueron: primero, un impuesto revolucionario que pagaban los hacendados y los curas, y segundo, la coca que se vendía en Cochabamba. Al parecer, las comunidades tuvieron poco papel militar en la guerrilla, pero sí participaron en la elección de los capitanes y sostuvieron económicamente a las tropas dándoles de comer.

Bolivia no fue liberada por fuerzas del exterior, sino por esta guerrilla ignorada por la historiografía, que se apoderó de La Paz antes de la llegada de Sucre. A diferencia de las tropas procedentes de Buenos Aires, que fracasaron tres veces seguidas contra los realistas, la guerrilla indígena, a pesar de haber padecido un alto índice de mortalidad, pudo sobrevivir y vencer a los enemigos.

En la colonia, el territorio de Alto Perú estaba formado por organizaciones comunitarias indígenas dedicadas exclusivamente a la agricultura, y pocas haciendas, originadas en las encomiendas y otras concesiones reales. Las comunidades estaban organizadas sobre la base del trabajo y la propiedad colectiva. El levantamiento de Tupaj Katari en 1781 condujo a la abolición de la mita, varios tributos y discriminaciones económicas y sociales,

---

2. La provincia es el equivalente al departamento en otros países.

lo que permitió a las comunidades una libertad relativamente mayor. Al fundarse la república existían unas once mil comunidades originarias.[3]

Cabe señalar que el movimiento revolucionario expresado en forma de guerrillas y sabotajes, respondía a su propia estrategia, con objetivos democráticos y de independencia.

La independencia

Simón Bolívar (1783-1830), que tenía como una de sus primeras preocupaciones dar solución a los problemas de los originarios, no lo hizo, porque el poder quedó en manos de criollos.

La república oligárquica que nace en 1825 será tan decadente como los «doctores de Charcas», único grupo «dirigente» en ese momento en el Alto Perú. Los «doctores» administraron la independencia que los guerrilleros conquistaron y que Bolívar sólo ejecutó. Antes del inicio de la Guerra de la Independencia, España ya estaba herida de muerte por la lucha revolucionaria de los pueblos originarios y por haberse convertido en un obstáculo para el capitalismo industrial europeo. Cuando las fuerzas bonapartistas invadieron a España dejaron aislado y sin cabeza al sistema colonial en estas tierras, situación de crisis general aprovechada por los criollos para sublevarse y proclamar la independencia.

Bolivia emerge a la vida republicana en medio de una crisis en la minería, centro de la economía colonial. Otro factor de la crisis

---

3. Esta historia fue rescatada en el diario del Tambor Vargas, de la guerrilla de Ayopaya. José Santos Vargas, nacido en Oruro en 1726, resulta un personaje misterioso, pues en sus diarios habla poco de sí mismo. Se sabe que era trilingüe (hablaba quechua, aymara y español) y provenía de una familia acomodada. Cuando todavía era niño sus padres murieron, por lo que tuvo que trabajar desde temprana edad. Después de desempeñarse como «secretario de cartas», a los 18 años se enroló en la guerrilla.

fue el fin del sistema de la mita, que marcó el declinar de la minería de la plata. Tampoco la industria textil del tocuyo (tela burda de algodón) volvió a cobrar la importancia que tuvo en la colonia, pues le fue imposible competir con el algodón inglés, pese a medidas proteccionistas. Los desastres agrícolas entre 1804 y 1805, y finalmente la desintegración de la unión aduanera, constituyeron el inicio del largo período de decadencia de la naciente república.

En años posteriores la agricultura pasó a ocupar un lugar privilegiado. La plata seguía siendo el principal rubro de exportación, y a mediados del siglo XIX, la quina (empleada para la producción de quinina).

Desplazada la burocracia colonial, arruinados los grandes comerciantes y mineros, los grandes terratenientes criollos alcanzaron un predominio considerable. La propiedad de la tierra se vio renovada y el despojo de las tierras a las comunidades fue impulsado por los gobiernos oligárquicos. La *Mink'a* (asalariamiento) sustituía a la mita.

La independencia no sirvió para borrar el sistema de castas imperante en la colonia. La clasificación en criollos, cholos e indios, sin ser una denominación étnica rigurosa, marcaba las diferencias entre blancos, mestizos y originarios e implicaba una distinción real y oprobiosa para las mayorías indígenas.

Varios rasgos distinguían a estas castas: la vestimenta, el carácter rural o urbano de sus poblaciones, el lugar que ocupaban en las tropas, diferentes sistemas de tributación y su papel en las actividades productivas y comerciales. Los criollos ejercen la hegemonía política y económica, gozan de los privilegios de la dominación, son los blancos. El grupo social intermedio, con la denominación peyorativa de cholo, no posee características étnicas singulares; es fruto de una fuerte transculturación de elementos hispanos e indígenas, y está desprovisto de privilegios gubernativos y políticos. Finalmente, el indio soporta el mayor número de las obligaciones aprovechables por el conjunto de la nación, y está predestinado a vivir en su comunidad o en la hacienda de tipo colonial.

Para 1846 cerca del 90% de la población era rural y aportaba dos tercios del producto nacional. El sistema de haciendas no había cambiado mucho de como funcionaba en la colonia. La mayor parte de la mano de obra provenía de las comunidades libres. Empezó a surgir el fenómeno del campesinado sin tierra y de los trabajadores inmigrantes y pequeños arrendatarios que representaban aproximadamente el 40% de esta población rural. La economía agraria estaba estancada, excepto en las zonas de Los Yungas (norte de La Paz), donde se siembra la coca, y los valles (Cochabamba), productores de maíz y trigo.

El Estado oligárquico (1880-1920)

En 1850 la situación económica de Bolivia era de déficit permanente, abrumada por los gastos militares; sin embargo, coincidiendo con una situación caótica y de violencia, el sector minero consiguió crecer, primero en el Altiplano y luego en nuevas áreas del litoral Pacífico. La creciente productividad y disminución de los precios de la máquina de vapor permitió la reducción de costos para poner en funcionamiento minas anegadas, a lo cual se sumó el crecimiento de la minería peruana y chilena —que proporcionó experiencia técnica— y el bajo precio del mercurio.

El capital para estos emprendimientos provino de la aristocracia comerciante y terrateniente de los valles, que merced a un crecimiento del mercado interno pudo extraer excedentes (Bethell: 1992). En 1832 surgió la Compañía Minera Huanchaca, para explotar plata en la mina de Porco ubicada en Potosí. En 1852 esta compañía fue adquirida por Aniceto Arce. Gregorio Pacheco y la familia Aramayo también emergieron como una dinastía, la dinastía minera de la plata. Con nuevas inyecciones de capital y gerencia, la racionalización de la producción y la introducción de cambios tecnológicos, Bolivia se convirtió en uno de los mayores productores de plata refinada, lo que revitalizó la economía interna.

El desarrollo del sector moderno de la economía creó nuevas demandas, no solo de mano de obra, sino también de productos agrícolas. Las haciendas comenzaron a expansionarse y se empezó a atacar a las comunidades. Pronto los partidarios de la formación de haciendas mediante la usurpación a las comunidades se dieron cuenta de que la única manera de establecerlas era sobre la base del poder político. El instrumento fue Mariano Melgarejo (1820-1871), presidente Bolivia entre 1864 y 1871.

La economía agraria de las comunidades marchaba hacia una «salida moderna», según los teóricos que justificaban con su «saber» la formación de haciendas desde la usurpación. Melgarejo representó esa ideología que consideraba que por la vía económica puesta en ejecución se alcanzaría «el nivel de otros países civilizados», y que el sistema comunitario evitaba ese salto. Los teóricos argumentaban: «Si los pobres comuneros ignorantes se posesionaran de ella —la tierra— podemos vivir seguros que nuestro país sin contradicción será el último de todos» (Antezana: 1971).

En 1880 las comunidades poseían la mitad de las tierras, y hacia 1930, menos de la tercera parte. Bolivia continuaba siendo una nación predominantemente rural y de campesinado indígena —más del 50% de la población total. El español seguía siendo una lengua minoritaria. La mayor parte de la población estaba excluida del sistema político, del que solo participaba entre un 10 y un 20% de la población total.

La Guerra Federal (1899)

El año 1880 marca un giro importante en la vida de la república, pues se producen cambios esenciales en la economía, la política y la sociedad: el establecimiento de un régimen oligárquico basado en el sistema moderno de partidos y caudillaje civil y el desarrollo de una cultura «nacional».

Desde los inicios de la república, Bolivia estuvo sacudida por los influjos de caudillos regionales, al punto de sufrir, a menos de un siglo de fundada, una guerra civil (1889) originada en disputas por la hegemonía sobre el país.

Este violento proceso, conocido por la historia como la Guerra Federal, señala el definitivo encumbramiento de las élites paceñas por sobre las chuquisaqueñas. Diversos historiadores han tratado de mostrarlo solo como una lucha regional, cuya razón última residió en la declinación de la economía de la plata y el surgimiento del estaño como principal mineral de exportación.

Políticamente la lucha se centró en los dos polos que entonces detentaban el poder: los conservadores del sur frente a los liberales del norte —estos últimos representaban en ese momento el «bloque revolucionario», la promesa de modernidad—, y debe ser entendida como una crisis de Estado.

Ayudan a comprenderla los factores subjetivos que influyeron en la derrota de la oligarquía de la plata: la alienación de las castas de terratenientes y magnates mineros de Sucre, caracterizados por su espíritu mediocre, extranjerizante, «delirante con todo lo europeo, compradora de títulos de nobleza a precio de liquidación» (Zabaleta: 1985). Los hijos de esta clase social marcaron el principio de la derrota conservadora, al ser incapaces de resistir los fragores del combate con los indios, y a las puertas de la humillación y la cobardía total, fueron licenciados del ejército que luchaba contra José Manuel Pando (1848-1917) en el altiplano.

El otro factor importante, ignorado o subestimado por la historiografía oficial, fue la presencia de los aymaras, dirigidos por Zárate, «El Temible Willka», que se alió a los liberales paceños, aunque finalmente fue traicionado por estos, pues al finalizar la guerra, liberales y conservadores, enemigos circunstanciales, dejaron de lado disputas secundarias y circunstanciales, frente a sus intereses de clase. Los indígenas actuaron en esta crisis estatal en alianza con los liberales, pero con sus propios objetivos.

La rebelión indígena de Zárate Willka

La participación de los Willka (la voz indígena *Willka* significa 'título de jerarquía' y constituye además nombre de familia) y de otros dirigentes indígenas denominados «apoderados» en la guerra de 1899, aliados a los liberales, pretendía la restitución de la comunidad indígena y del pacto colonial que les garantizaba su autonomía dentro de la república boliviana. Detrás de la alianza subyacen dos formas diferentes de entender el derecho a la tierra y el territorio: para los liberales la tierra comunal era una traba al progreso y la modernización; en cambio, para los indígenas el pago del tributo era la garantía del pacto de reciprocidad con el Estado manteniendo su autonomía territorial.

Dentro de la óptica de los movimientos subalternos existe otra lectura acerca de estos hechos: es la que sostiene que el objetivo de los indígenas era constituir gobiernos autónomos para romper con la república boliviana.

La participación de los indígenas fue el factor más importante para el triunfo de la revolución dirigida por los liberales. Su lucha y su peculiar ejército, dentro de una lógica totalmente andina, al mando de Zárate Willka, recuerda la forma de organización de los territorios prehispánicos y coloniales, con cada uno de los Willka (los Willka —jefes territoriales— eran varios; los principales: Lorenzo Ramírez, Juan Lero y Feliciano Willka; Pablo Zárate era el caudillo principal por la acción centralizadora que impuso y por la relación directa que tuvo con Pando) responsable por la zona a su mando. La labor de hormiga (hostigamiento a las tropas) obedeció al claro objetivo de derrotar al ejército conservador en alianza y combinación con los militantes rurales del partido liberal y otros sectores sociales.

La primera gran arremetida en contra de las comunidades fue en 1866, durante el gobierno de Melgarejo. La segunda ocurrió a partir de 1880, con la promulgación de la Ley de Ex Vinculación (1874) de tierras, que tenía como propósito la individualización de propiedades comunales y la creación de un mercado de tierras al estilo capitalista. La lucha contra estas medidas expropiatorias de tierras comunales dará lugar al surgimiento de los «apoderados», líderes indígenas que se convierten en mediadores entre las comunidades y el Estado, con una estrategia legal de defensa en los juzgados, para lo cual apelaban a la legalidad de títulos coloniales que la república les había arrebatado; en los hechos se convirtió en un movimiento político.

Las primeras organizaciones de trabajadores

Es también en 1853 cuando se inician los primeros balbuceos de las organizaciones de trabajadores manuales, con la organización mutualista de los sastres, panaderos y carpinteros en Chuquisaca. Al año siguiente lo harán los carpinteros en La Paz, y se incorporarán más adelante los sastres. El predominio del artesanado en el siglo XIX fue grande, principalmente durante la primera época de la república, pues los artículos de consumo eran manufacturados en talleres predominantemente familiares, por lo general muy pequeños y con herramientas propias.

Los impulsores de organizaciones gremiales y de beneficio mutuo eran de ideología liberal. No obstante, en las agrupaciones mutualistas de los liberales germinaron, aunque con evidente retraso, las tendencias clasistas y revolucionarias.

En 1885 se fundó la Sociedad de Obreros de La Cruz, que reunía a los artesanos más preclaros de la ciudad de La Paz, y un año después la primera sociedad de zapateros: San Crispín, ambas con las características de las corporaciones artesanales de la Edad Media.

A diferencia de la Argentina, por ejemplo, que recibió el influjo de inmigrantes europeos fogueados en las luchas sociales de sus países de origen, estas organizaciones no tuvieron una clara formación ideológica que expresara al proletariado. Un factor que se suma al del origen de estos movimientos, es el analfabetismo de la mayoría de la población, pero también el analfabetismo funcional de sus élites, una oligarquía inculta (Taboada Terán: 1973).

Un episodio traumático de este período fue la Guerra del Pacífico, motivada por la explotación del guano y el salitre. Fue síntoma de una nueva situación internacional, en virtud de la cual las necesidades europeas de materias primas dieron lugar a una recolonización del continente, penetrado por sus capitales y ferrocarriles. América Latina dejaba de ser un mero mercado de la manufactura europea.

Ya desde la década de 1860 la producción de la plata había conocido, gracias a inversiones chilenas, un renacimiento que permitió grandes fortunas personales como las de Aniceto Arce, Félix Avelino Aramayo y Gregorio Pacheco. Luego de la guerra, los grandes mineros de la plata asociados con los terratenientes incursionarán en la política.

La «rosca» minero-feudal

A fines del siglo XIX la minería de la plata, como un siglo atrás, declinó notablemente y su lugar lo empezó a ocupar el estaño. Este cambio dará lugar a que el siglo naciente sea conocido como el «siglo del estaño». En 1895 Bolivia ya era uno de los más importantes exportadores de ese mineral en el mundo, y su peso, en términos nacionales, era mucho mayor que el que había tenido la plata. Parecía anunciar tiempos de prosperidad para el país.

Surgió aparejada una nueva clase empresarial minera, con marcadas diferencias respecto a la «dinastía de la plata». Los magnates mineros de la plata mantenían el control directo sobre la administración de sus minas, bajo la forma de sociedades anónimas por acciones, propia del capitalismo en su fase imperialista. Las de estaño fueron manejadas por técnicos y administradores extranjeros, y el control general quedó a cargo de directores residentes fuera del país.

Los oligarcas mineros de la plata participaron activamente de la política nacional. En cambio, los del estaño dejaron la defensa de sus intereses a grupos de asesores en lo financiero, jurídico y económico, y pusieron a su servicio a los políticos poderosos.

Este círculo cerrado es lo que el pueblo calificaría de «rosca minero-feudal», porque se reducía a un mundillo de servidores de los intereses de los «barones del estaño». A diferencia de las oligarquías de otros países que coaligaban los intereses de los capitales internacionales a los nacionales, en Bolivia el capital transnacionalizado solo dejaba humillantes migajas, de modo que ese mundillo de políticos y burócratas se cerraba achicándose en un círculo minoritario («rosca»), denominado feudal, de manera inexacta, por la alianza con los hacendados herederos de formas de explotación coloniales.

Los tres exponentes de este nuevo poder de «barones del estaño» fueron Patiño, Hochschild y Aramayo; el primero producía hacia 1929 el 58,84% del total del estaño en Bolivia, Hochschild el 10,04% y Aramayo el 5,10%, mientras el restante 26% quedaba distribuido entre numerosos mineros medianos y pequeños.

La convergencia de intereses comunes logró que, a cambio de míseros impuestos, el gobierno estuviera bajo su control; contaban con el ejército para reprimir a los obreros y llegaron a constituir un verdadero «súper Estado minero». Es el estaño el que integra de manera plena a Bolivia al mercado mundial capitalista y da origen al moderno proletariado minero a fines del siglo XIX y principios del XX. El giro de la minería de la plata a la del estaño se da en medio de grandes cambios políticos y económicos.

Las redes ferroviarias construidas al impulso de la minería de la plata, ampliadas y consolidadas con la del estaño, estaban orientadas hacia los puertos del Océano Pacífico, y se aceleraba la explotación del estaño al influjo de los cambios tecnológicos y usos industriales en el mundo desarrollado. Pero mientras más próspera era la minería, paradójicamente, el déficit estatal resultaba cada vez mayor, de modo que el endeudamiento externo fue creciendo para tapar sus baches presupuestarios.

La revolución de julio de 1920

En 1920 se produjo el derrocamiento del partido liberal por el republicano, que gobernaría hasta 1936, mas esto sólo significó un cambio de personas; los republicanos que sucedieron a los liberales eran positivistas, y lo único que varió fue un ligero populismo de Saavedra y Siles. El presidente Saavedra simpatizaba con los cholos y con los obreros, pero respecto a los indios actuaba igual que sus predecesores.

En 1921 los indígenas del cantón Jesús de Machaca, en Oruro, se levantaron en rebelión, frente a los intentos de fuerzas allegadas al gobierno de apropiarse de sus tierras. Los comunarios mataron al corregidor, a funcionarios y hacendados, y, en represalia, las tropas masacraron a cientos de campesinos y encarcelaron a 70 líderes indígenas.

El período liberal —principios del siglo XX hasta 1930— fue de grandes inversiones, y empezó la penetración financiera norteamericana. La historia de los empréstitos comienza en 1908 con medio millón de libras esterlinas prestadas por la banca Morgan para estabilizar el cambio y establecer el patrón oro, lo que inicia la serie de empréstitos norteamericanos, ingleses y franceses, destinados a la cancelación o conversión de las obligaciones pendientes (creación del Banco de la Nación en 1910, construcción de los ferrocarriles, caminos y obras públicas); contraídos generalmente en condiciones onerosas, llegaron a absorber cerca del 50% de los recursos fiscales y obligaron muchas veces a suspender el pago de las deudas internas y aun de los gastos ordinarios de la administración. En 1931, finalmente, Bolivia debió suspender el pago de la deuda pública que llegó a 214 millones de bolivianos —de los cuales 173 correspondían a la deuda externa—, mientras que los ingresos fiscales no llegaban a los 35 millones anuales (Behtell: 1992).

El más importante y característico de estos empréstitos fue el de 1922, conocido como Nicolaus, por 33 millones de dólares a 25 años con un interés del 8% anual. Para garantizar el pago de las obligaciones se hipotecaron las acciones del gobierno en el Banco de la Nación y la mayor parte de los ingresos fiscales, y se estableció una comisión fiscal permanente —dos de cuyos tres miembros eran propuestos por los propios banqueros— para inspeccionar y fiscalizar la recaudación impositiva. Los nuevos empréstitos contratados con la Dillon de Nueva York por 14 y 23 millones de dólares en 1927, terminaron de consolidar el predominio yanqui en las finanzas bolivianas.

Durante la Primera Guerra Mundial Estados Unidos compró alrededor del 30% de la producción boliviana de estaño. Desde 1924 los capitales norteamericanos participan en la Patiño Mines & Enterprise Consolidate con sede en Delaware. En 1920 se había concedido también a la Richmond Levering & Co. la explotación de 3 millones de hectáreas para explorar y explotar petróleo durante 50 años, y ese contrato fue transferido luego a la Standard Oil, que lo conservó sin explotar.

En 1929 dos acontecimientos marcarán un nuevo rumbo a la situación boliviana: la crisis mundial capitalista y la Guerra del Chaco.

La crisis provocó una caída de los precios del estaño de 0,45 a 0,22 dólares en 1933, de los volúmenes de exportación de 47 000 a 31 000 t y de los valores de 37 millones a solo 12 millones de dólares (Behtell: 1992).

El período prerrevolucionario

El contexto de la época

Se pueden situar los orígenes de la Revolución de 1952 en la Guerra del Chaco (1932-1935) y caracterizar a esta etapa previa como un nuevo intento de resolver la crisis de dominación, tal como aconteciera con la Guerra del Pacífico en 1879.

El trasfondo de la Guerra del Chaco es la crisis mundial del capitalismo (1929) y sus consecuencias políticas y sociales en el orden interno e internacional. A esto se suma la disputa de intereses entre transnacionales petroleras británicas y norteamericanas, establecidas en Bolivia y Paraguay respectivamente y, finalmente, la crisis política que sacudía a Bolivia. «Pisar fuerte en el Chaco» fue la consigna acuñada por el poder a través de Daniel Salamanca (1868-1935), que gobernó en Bolivia desde 1931 hasta su derrocamiento en 1934; llamado el «hombre símbolo» de la oligarquía, no pudo ofrecer al país otra cosa para resolver los problemas políticos, económicos y de poder, que no fuera una campaña como la del Chaco. Si esa era la consigna oligárquica, la clase obrera organizada, socialista y libertaria enarboló la suya: «guerra a la guerra». La contienda se desarrollará, entonces, en dos frentes: uno externo, las arenas del Chaco, y el otro interno, en las ciudades y el campo. El primero cerrará en pocos años (1935), el otro —la lucha de clases— se mantendrá hasta 1952.

La izquierda socialista y el movimiento obrero mostraron un tardío despertar, un lento y escaso desarrollo, partiendo de organizaciones de carácter netamente artesanal y con sentido mutualista, muchas de ellas con influencia anarquista, en Oruro y Cochabamba principalmente. Las organizaciones urbanas tenían escaso contacto con las que se iban formando en las minas, y ninguno con las masas campesinas. Ambos sectores eran, sin embargo, los más explosivos en términos de agitación social, como demostraron los levantamientos campesinos de Jesús de Machaca (1921) y la oleada de huelgas mineras que culminó con la masacre de Uncía (1923).

Los sectores medios —8% de la población— se politizaron rápido, y su crecimiento relativamente grande no marchó unido al proceso de industrialización, sino que se debió a la hipertrofia de la administración pública; era un contingente mal pagado y por tanto, disconforme políticamente, lo mismo que los profesionales liberales. De esta masa iba a surgir una intelectualidad numerosa cuestionadora del poder, cuando no lo detentaba, y que en momentos de crisis, como ocurrió después de la Guerra del Chaco, sería generadora de un fuerte radicalismo político.

Ante el riesgo de desintegración, las élites bolivianas se han visto forzadas a cierto grado de unidad y solidez para disipar el peligro de las masas (población indígena rural en su mayoría, un activo proletariado minero y clases medias y empobrecidas de las ciudades), pero también para lograr algún grado de organización política que les permita combatir esa amenaza.

Esos intentos de unidad solo se plasmaron en cortos períodos: 1931-1932, 1940-1942 y 1951-1952. La brevedad de estos lapsos de unidad y estabilidad de las clases oligárquicas ha sido el síntoma evidente de una crisis de dominación típica de momentos previos a los cataclismos sociales llamados revoluciones, y se han caracterizado porque las clases dominantes ya no pueden ejercer su dominación y los dominados no quieren continuar siéndolo.

El llamado «sexenio» (1936-1952) constituye el período más sangriento y brutal en el afán de preservar el poder por parte de la «rosca minero-feudal» frente a la cada vez más decisiva y creciente resistencia de trabajadores y pueblo en general. Se abre con el colgamiento del presidente Gualberto Villarroel (1946) y culmina con el gobierno de una junta militar (1951-1952) encabezada por el general Hugo Ballivián.

La tragedia del Chaco y el surgimiento del socialismo militar

Cuando Salamanca inicia su absurda guerra en julio de 1932, una ola de nacionalismo inundaba Bolivia. Los sectores políticos parecían posponer sus diferencias a favor de la unidad patriótica. Los paraguayos, que no daban muestras de querer el enfrentamiento, al final tuvieron que decretar la movilización general. La batalla del Boquerón fue el comienzo del desastre: las tropas bolivianas no solo fueron desalojadas de los fortines que ocuparon, sino que también se perdieron parte de los territorios. En 1932 fue consumada la derrota. Los oficiales David Toro, Enrique Peñaranda, Germán Busch y Oscar Moscoso derrocaron a Salamanca y entregaron el poder a José Luis Tejada Sorzano (1882-1938). El mayor Busch, al recuperar los territorios petrolíferos, fue elevado a la categoría de héroe en una guerra en la que esa especie había escaseado. La paz definitiva fue firmada en junio de 1935.

David Toro (1898-1977) asumió el gobierno en 1936 y proclamó el socialismo de Estado con el concurso de los partidos de izquierda —socialistas y el Partido de la Unión Republicana Socialista (PURS) —, pero pronto rompió con ellos, decretó el trabajo obligatorio de todos los varones entre 18 y 60 años, y poco después la sindicalización obligatoria de todos los trabajadores, con lo que sentaba las bases del llamado «Estado sindical». Al mismo tiempo ordenó la vigilancia policial hacia los comunistas y la expulsión de los agitadores extranjeros.

La Guerra del Chaco fue el primer factor catalizador del sentimiento nacionalista, expresado en la oposición a la Standard Oil, a la que se acusaba de haber provocado la guerra con Paraguay, en su disputa con la Royal Dutch Oil. Se le acusaba también de haber saboteado los esfuerzos bélicos de Bolivia y haber contrabandeado petróleo a la Argentina, defraudando al fisco.

Sobre la base de estas acusaciones, en 1937 Toro decretará la caducidad de las concesiones a la Standard Oil y la reversión de todos sus bienes al Estado. Se creó Yacimientos Petrolíferos Fiscales Bolivianos (YPFB), que monopolizó desde entonces la exploración, explotación y comercialización del petróleo, y aumentó lentamente la producción pese a la falta de equipos y recursos. Pero los pujos nacionalizadores duraron poco y al final se terminó pagando a la Standard una indemnización de 1 750 000 dólares, con la presión norteamericana de por medio.

El 13 de julio de 1937 Germán Busch (1904-1939) derrocó a Toro mediante un golpe de Estado y asumió la presidencia de facto, a la edad de 33 años; en mayo de 1938 fue elegido presidente constitucional por una Convención Nacional convocada para revisar la Constitución de la república, pero el 24 de abril de 1939 renuncia al mandato constitucional para declararse dictador, y se mantiene en el poder hasta su suicidio en agosto de ese año. Proclamaba la continuidad con los principios «socialistas» de su antecesor, dictó un código de trabajo que recogía la mayor parte de las conquistas sociales logradas hasta el momento por el movimiento obrero —jornada de 8 horas y descanso dominical, fijación de salarios mínimos por el Ministerio de Trabajo, doble paga por horas extra y obligación para ciertas empresas de prestar servicios de vivienda, asistencia médica, etc.—, y, para no ser menos que su antecesor, promulgó una severa ley anticomunista. Pero el eje principal de la lucha era contra la «rosca minero-feudal». Busch nacionalizó el Banco Central y creo el Banco Minero.

Esas fueron las características principales del llamado «socialismo militar» en Bolivia.

Con Carlos Quintanilla (1888-1964), que sucede a Busch, resurgió el poder de la «rosca», luego de que sus decretos autorizaran nuevamente la libre exportación de minerales y dejaran en suspenso la obligatoriedad de la entrega de divisas al Estado, con lo cual se volvió a la situación previa a 1935.

En 1940 se llamó a elecciones y se impuso como candidato de la oligarquía Enrique Peñaranda (1892-1969), quien ganó los comicios y gobernó hasta 1943, cuando fue derrocado. Este período de gobierno se caracterizó por la irrupción de la izquierda en la arena electoral. El Partido de la Izquierda Revolucionaria (PIR), con su candidato José Antonio Arce (1904-1955), un marxista y militante comunista, logró una significativa representación parlamentaria. Por otro lado, el estallido de la Segunda Guerra Mundial y la participación norteamericana en ella en diciembre de 1941, obligó al alineamiento de Bolivia junto a las potencias occidentales aliadas.

La economía boliviana

Entre 1926 y 1930 la minería aportaba más del 90% de las exportaciones y representaba cerca del 40% del Producto Interno Bruto (PIB) nacional. Hacia 1940 estas características no habían variado sustancialmente, pero el sector estaba lejos de imprimir dinamismo al conjunto de la economía. Si bien la productividad era superior en 6 o 7 veces al promedio nacional, solo ocupaba al 3 o 4% de la mano de obra. La superpoblación de las regiones del campo y el bajísimo ingreso de los otros trabajadores permitía mantener en el mínimo los salarios de los mineros, quienes al tener escasos ingresos pesaban muy poco en la demanda interna y obstaculizaban el desarrollo de la industria manufacturera local.

Por otra parte, la subsistencia de un sistema agrario de relaciones sociales arcaicas impedía cualquier mejora técnica en la agricultura, en la cual convivían la *tajlla* (arado de pie) y el arado de bueyes (con un relativo mejor nivel técnico). Una agricultura estancada era incapaz de proveer a los campamentos mineros y a la población de las ciudades; la importación de alimentos comenzó a pesar en la balanza comercial. No solo el consumo de las clases dominantes, sino el de los sectores populares, era financiado por el producto de las exportaciones mineras.

Los enormes beneficios de la minería se reinvertían solo parcialmente en el mismo sector. La mayoría de las utilidades salían del país en pagos de gastos de transporte y de fundición de los minerales, o en inversiones en el extranjero, que pronto se tornarían multinacionales. En cambio, las pocas inversiones extranjeras, llegadas en condiciones usurarias, terminaron por convertir a Bolivia, como a las otras economías latinoamericanas, en exportadora de capitales.

La gran minería resultaba pues un enclave del capital internacional: el mantenimiento del atraso y la debilidad de los gobiernos nacionales eran necesarios para su prosperidad, que alimentaba los circuitos financieros internacionales.

La economía boliviana giraba en torno a la minería, y en el resto del país, la inmensa mayoría, se mantenía la estructura agraria heredada de la colonia. Las clases sociales respondían a esta estructura económica: un proletariado reducido y una gran masa indígena; una ínfima élite latifundista que vivía de «sus rentas» en las ciudades, y la gran burguesía minera expresada en los tres «barones del estaño».

Mientras la cúpula minera gozaba de una prosperidad creciente, el Estado vivía una constante penuria y el déficit fiscal era permanente. Los recursos fiscales penosamente recaudados estaban destinados a solventar el progresivo endeudamiento externo.

Ante la descapitalización y el envejecimiento de equipos mineros y la necesidad del capital de mantener sus márgenes de ganancia, se intensificaron al máximo la explotación de los trabajadores y el regateo de los impuestos al fisco.

La Segunda Guerra Mundial brindó a la minería boliviana la gran oportunidad: el Sudeste asiático había caído en manos de los japoneses, con lo cual se redujo a la tercera parte la oferta del estaño y Bolivia se convirtió en el principal proveedor, lo que hacía suponer un importante incremento de precios. Pero EE.UU. había acumulado ingentes reservas del mineral desde antes de la guerra y logrado avances tecnológicos como los procedimientos electrolíticos para la obtención de hojalata con muchísimo menos estaño, lo que redujo la demanda a la mitad, contrarrestando la escasez y frenando el alza de precios.

Las presiones en nombre de la «solidaridad» internacional con las «democracias» obligaron a Bolivia a firmar un contrato por cinco años para vender estaño a un precio fijo de 0,42 dólares la libra, «precios de democracia» que también afectaron al tungsteno y al caucho. Era simplemente el grado de entreguismo del gobierno de turno.

En contrapartida, los grandes mineros subordinaban totalmente el gobierno a sus intereses, de modo que era imposible obligarlos a subir sus contribuciones. El grado de subordinación era patético: muchos funcionarios de Estado (prefectos, ministros...) recibían un plus salarial directamente de los «barones del estaño».

La inflación se agudizó aún más durante la posguerra, cuando aumentó el costo de la vida diez veces en relación con los niveles previos a la contienda, con el consiguiente agravamiento de los problemas sociales.

El despertar social y nacional

La principal consecuencia de la Guerra del Chaco fue el desmoronamiento del sistema político anterior y el surgimiento de nuevos partidos y movimientos revolucionarios.

En la agenda política nacional se inscribieron temas como la cuestión indígena y de la tierra, los problemas sociales de los trabajadores y el cuestionamiento a los «barones del estaño». El trasfondo económico de este nuevo escenario es el de una economía minera declinante tecnológicamente, cuyo impacto en la modernización de la sociedad en su conjunto fue escaso. En suma, se trataba de un replanteamiento de la naturaleza de la sociedad boliviana.

En 1940 dos terceras partes de los bolivianos estaban fuera del mercado; el artesanado urbano y el proletariado industrial, en estos años, casi se igualaban en número. Los dos tercios fuera del mercado eran los campesinos indígenas. Bolivia era un importador neto de alimentos.

El movimiento obrero

La crisis y la guerra obligaron a un reflujo en las luchas de los trabajadores, pero luego se incrementaron, impulsadas por la creciente carestía, hasta llegar a la huelga general del 10 de mayo de 1936, que precipitó el pronunciamiento castrense que abrió paso a la etapa del llamado socialismo militar.

En 1936 un editorial del periódico *La Razón* desnudaba la verdadera causa del golpe de Estado del 17 de julio de ese mismo año y el supuesto socialismo de Toro: «el gobierno dimisionario —dice refiriéndose a la renuncia de Tejada Sorzano— no pudo hacer frente a la situación creada por la huelga y era de temer una iniciación de *movimientos obreros sediciosos* que harían peligrar la tranquilidad pública» (Barcelli: 1956).

En julio de 1937, una vez perdidas las esperanzas de una «revolución desde arriba», los obreros recuperaron la libertad de acción frente al gobierno «socialista». Estalló una huelga en el sector gráfico en demanda de reajustes salariales. Los trabajadores, una vez más, serán burlados. Busch suplanta a Toro. Los trabajadores aceptan al joven Busch con la esperanza de que resolverá sus demandas. Otra frustración, porque Busch demostró que solo era un instrumento de los «barones del estaño» Simón Patiño, Avelino Aramayo y Mauricio Hochschild.

El 12 de octubre de 1941, luego de una serie de huelgas aisladas, aparentemente sin mayor significado, estalló una huelga general, al impulso de la Confederación Sindical de Trabajadores de Bolivia (CSTB), y ante la negativa del gobierno a responder un pliego de peticiones salariales y otras de corte económico. La huelga afectará a mineros, choferes, fabriles, gráficos, empleados y, sobre todo, a ferroviarios.

El gobierno acusó a este movimiento de ser una maniobra «nazi comunista» destinada a llevar al país al caos. Se desató una severa represión con detenciones, golpizas y confinamientos en la isla de Coati del lago Titicaca. Pese a ello, no se logró quebrar el espíritu de lucha de los trabajadores y la huelga terminó victoriosa, al alcanzarse un aumento general de salarios, libertad de los dirigentes y amplias garantías sindicales.

El sindicalismo minero y la masacre de Catavi

El surgimiento de grandes campamentos mineros, verdaderas ciudadelas, con avanzadas técnicas: plantas concentradoras, miles de kilómetros de galerías con ferrocarriles subterráneos, gran consumo de energía eléctrica y modernos sistemas administrativos, posibilitó enormes concentraciones proletarias.

Los obreros mineros de principios de siglo no eran un proletariado moderno sino comunarios que se desplazaban temporalmente a las minas para luego retornar a sus comunidades. En la base de la pirámide social de la explotación estaban las *palliris* (la palabra aymara *apallar* quiere decir 'recoger con las manos'), mujeres que recolectaban mineral a mano, ayudándose para romper las rocas con golpes de *combo* (maza), y los *maquipuras* ('que trabajan a pulso'), que eran peones, sin contrato, en las labores de la empresa. Ambos grupos resultaban el equivalente moderno de los trabajadores precarizados sin contrato. Este abigarramiento de modos de explotación —tecnologías de punta para la época, formas artesanales premodernas y principalmente el doble carácter del minero: semiproletario y comunario al mismo tiempo— configura el carácter de desarrollo desigual, combinado y dependiente del capitalismo boliviano.

El 30 de septiembre de 1942, los obreros de Catavi presentaron un pliego petitorio a la empresa, en el que exigían aumento de salarios; la gerencia, con total desprecio a los trabajadores y al propio gobierno, no asistió a la junta de conciliación convocada por el Ministerio de Trabajo luego de algún tiempo de iniciado el conflicto.

El gobierno utilizará maniobras divisionistas en el seno de los mineros: mientras distritos como Huanuni y otros de Potosí solo hacían huelga de «brazos caídos», frente a la «huelga activa» decretada en Catavi, estos últimos terminan aislados, lo que de algún modo facilitó la acción represiva del gobierno, que decidió poner en manos del ejército la solución del conflicto, con el peregrino argumento de que la huelga era un sabotaje de fuerzas nazi-fascistas en contra de los Aliados, y que el control militar para garantizar la producción imponía acciones enérgicas.

En las primeras horas del día 21 de diciembre comenzaron los choques entre huelguistas y tropas militares, con un saldo de 35 muertos. El ejército no vaciló en disparar a las mujeres que se dirigían a la pulpería de la empresa para abastecerse de alimentos. Horas más tarde, cerca de ocho mil personas, entre mujeres y niños, decidieron hacerse presentes en masa en Catavi, portando una bandera boliviana, para exigir el arreglo pacífico del conflicto. La multitud fue sorprendida a medio camino —entre Siglo XX y

Catavi, Km. 4, hoy conocido como Campo María Barzola—, por fuego de ametralladoras y fusilería de la tropa emboscada.

El brutal asesinato a mansalva produjo reacciones violentas en el país. El parlamento fue escenario de airadas discusiones. Peñaranda, para rehuir responsabilidades, partió a Estados Unidos.

Esta masacre constituye un hito más en la consolidación del espíritu combativo y creativo del sector minero. Hacia 1944 el grado de madurez del proletariado minero lo llevó a organizarse dentro de los principios más elevados de la lucha obrera. La Federación Sindical de Trabajadores Mineros de Bolivia (FSTMB), fundada ese año, proclamó su independencia política y unidad clasista, con una clara conciencia de sus intereses históricos. Al tiempo de organizarse como Federación, aprobó una serie de reivindicaciones en materia de política social, como el establecimiento del contrato colectivo de trabajo. En abril de 1945 este espíritu saldrá a relucir nuevamente, cuando los mineros de Morococala, en el departamento de Oruro, procedan a ocupar la mina durante 15 días. Los trabajadores habían pedido mejoras sociales en su distrito, y el gobierno, en una maniobra intimidatoria, ordenó el pago de sus liquidaciones, es decir, su despido. La FSTMB desenmascaró la maniobra y la consecuencia fue la toma de la mina.

Esta acción resulta una inapreciable fuente de experiencia de los métodos de lucha de los trabajadores. Los obreros demostraron que la ocupación no solo mantuvo la producción, sino que la aumentó y pudo asegurar utilidades.

El Primer Congreso Indígena
Y LAS INSURRECCIONES EN EL CAMPO

En mayo de 1945 se realizó el Primer Congreso Indígena. Fue un hecho inédito la irrupción de cientos de autoridades indígenas en la ciudad de La Paz, que generaron sentimientos encontrados de admiración y temor en los vecinos. Solo en el gobierno del «tata» Belzú, a mediados del siglo XIX, los indios pudieron pasearse libremente por La Paz. Era el reconocimiento del Estado a este mayoritario sector nacional.

Sus aspiraciones y objetivos están resumidos en las comisiones que conformaron en el congreso: 1) supresión de los servicios gratuitos (pongueaje); 2) educación indígena; 3) reglamentación del trabajo agrario, y 4) organización de la policía judicial. Como se puede ver, eran objetivos limitados, ya que nada se dijo acerca del problema de la tierra y de la reforma agraria. El gobierno sancionará estos temas como leyes. Si bien los asuntos de la tierra y la reforma agraria no fueron considerados, después de la Guerra del Chaco la consigna de «tierra y libertad» había hecho carne en el campesinado y se traducía en huelgas de brazos caídos protagonizadas por los colonos en las haciendas.

El 15 de julio de 1947 estalló una sublevación en una hacienda del lago Titicaca, al «sonido de pututos y la llamarada de incendiarias *ulakas* [antorchas]» (Barcelli: 1956), que derivó en un levantamiento generalizado en Chuquisaca, Potosí, Oruro, Cochabamba y La Paz. Los sublevados tomaron de manera violenta haciendas y en algún caso mataron a los patrones, en un movimiento que duró semanas. El gobierno prontamente movilizó a las fuerzas armadas e incluso usó la aviación para sofocar los motines. La represión fue brutal: numerosos muertos y cientos de líderes indígenas presos y confinados a regiones inhóspitas del oriente.

En el quinto congreso de los mineros de Telamayu (junio de 1948), se produjo un hecho histórico en el camino de la unificación de las luchas sociales de obreros y campesinos: la aprobación de un voto resolutivo referido a la problemática indígena, que comprometía a «prestar toda su cooperación a los trabajadores del agro y luchar junto con ellos para la obtención de leyes que les favorezcan y buscar mediante una organización disciplinada el afianzamiento de los sindicatos agrarios» (Barcelli: 1956).

La izquierda nacional y socialista

El anarquismo, a través del cochabambino Cesáreo Capriles (1880-1950), marcó a toda la generación de los años 20 del siglo pasado e influyó en el devenir del pensamiento revolucionario en Bolivia. No fue casual que el más significativo movimiento antibélico que registra esa tendencia se produjera en Cochabamba y fuera protagonizado por los principales redactores de la revista libertaria *Arte y Trabajo*, fundada en 1920: Adela Zamudio, Martín Cárdenas, Jesús Lara, Ricardo Anaya y hermanos, José Antonio Arce, Ramón Rivero, Guillermo Vizcarra, Juan Capriles, Augusto Céspedes y José Aguirre Gainsborg, entre otros.

Las ideologías que más influencia tuvieron en Bolivia fueron el nacionalismo y el fascismo, expresados en organizaciones como el Movimiento Nacionalista Revolucionario (MNR) y la Falange Socialista Boliviana (FSB) respectivamente; el trotskismo, a través del Partido Obrero Revolucionario (POR), y el comunismo, representado por el Partido de Izquierda Revolucionaria (PIR).

Mientras fracasaba la experiencia del socialismo militar empezaron a aparecer los primeros partidos obreros. En 1934 surgió el POR, encabezado por Tristán Marof y Aguirre Gainsborg, y en 1938 celebró en La Paz su segunda conferencia; luego Marof se separó del POR ante la irreconciliable oposición a Gainsborg y formó el Partido Socialista Obrero Boliviano (PSOB).

En 1940 el profesor universitario José Antonio Arce fundó un frente de izquierda boliviano que ese mismo año reunió un congreso de las izquierdas al que concurrieron varias organizaciones regionales, con predominio de comunistas pro soviéticos. Se constituyó el Partido de Izquierda Revolucionaria (PIR).

En este contexto surgió la oposición nacionalista a través de un grupo de diputados independientes en el que se encontraban Víctor Paz Estenssoro, Germán Monroy Block y Rafael Otazo entre otros; el diario *La Calle*, fundado en 1936 por Armando Arce, contó con la colaboración de Carlos Montenegro y Augusto Céspedes, y se convirtió en un órgano intransigente y agresivo de lenguaje popular, mientras el semanario *Busch*, dirigido por Montenegro, planteaba más doctrinariamente la posición nacionalista.

Estos grupos convergieron a mediados de 1941 para formar el Movimiento Nacionalista Revolucionario, presidido por Víctor Paz. Su escasa definición ideológica y la definitiva simpatía por el Eje (Alemania, Italia y Japón) de algunos de sus miembros, quienes veían como enemigo al imperialismo que dominaba Bolivia, le hizo ganar el mote de nazi. Con ese pretexto el MNR será reprimido y sus dirigentes exiliados y confinados.

La derrota del Chaco terminó politizando a los militares y dio lugar al surgimiento de logias, sobre todo en las academias. Una de ellas era Razón de Patria (RADEPA), con un ideario de confusa retórica patriótica moralizante y el propósito de combatir la anarquía, crear el alma nacional, luchar contra la división de clases y otras hostilidades que atentaran contra la unidad nacional. RADEPA entró en contacto con el MNR para acabar con Peñaranda, y el 20 de diciembre de 1943 un golpe incruento puso fin a su debilitado gobierno.

El sexenio del terror

El nuevo régimen, con el mayor Gualberto Villarroel (1908-1946) al frente, fue catalogado inmediatamente como nazi-fascista, como una proyección del Grupo de Oficiales Unidos (GOU) al que pertenecía Juan Domingo Perón en Argentina. Por supuesto que Estados Unidos reaccionó, demorando el reconocimiento a su gobierno.

El mandato de Villarroel nació bajo un marcado aislamiento diplomático y una fuerte presión externa. Los principales blancos de la campaña fueron Céspedes y Montenegro, y finalmente todos los movimientistas resultaron excluidos del gobierno.

Con el afán de ganarse la simpatía popular el gobierno adoptó una serie de medidas: establecimiento del fuero sindical, defensa de los inquilinos, celebración del congreso indigenista de 1945, abolición del pongueaje y de otros servicios gratuitos y obligatoriedad del establecimiento de escuelas en los centros indígenas, fincas, etc. Adoptó como lema: «No somos enemigos de los ricos pero somos más amigos de los pobres». En contrapartida, aumentó la represión a miembros de la oposición política y dirigentes obreros beligerantes.

Finalmente, esta conducta ambigua, de equilibrios, que enfureció a los magnates de la minería, logró una convergencia política de adversarios tanto de derecha como de izquierda en el llamado Frente Democrático Antifascista (FDA), que culminó en una «revolución» violenta el 20 de julio de 1946, con el colgamiento de Villarroel.

De este trágico hecho resultó el surgimiento de una coalición antiobrera y anticampesina, ya que el PIR cometió una grave equivocación al pensar que Villarroel y el MNR eran fascistas, un error común, por ese entonces, en los partidos comunistas latinoamericanos: «...ni el MNR era fascista, ni los aliados del PIR eran democráticos» (Lozada: 1992). Ello le costará al PIR el desplazamiento de su militancia al propio MNR y, en menor medida, al Partido Obrero Revolucionario.

Dentro del MNR se fortalecerán las posiciones de los sectores obreristas. El POR demostrará una gran capacidad para producir articulaciones políticas, como acontecerá con la *Tesis de Pulacayo*, documento programático de los mineros aprobado en noviembre de 1946, en un congreso extraordinario emergente de la situación política.

El gobierno que surgió del seno del FDA fue una Junta Civil encabezada por Tomás Monje, presidente de la Corte Superior de La Paz, que gobernará un breve lapso, de 1946 a 1947, período en el que se repetirá una tragedia parecida a la de Villarroel: esta vez terminarán colgados, en los mismos faroles de la Plaza Murillo de la ciudad de La Paz, tres presos del nuevo gobierno.

En elecciones realizadas en enero de 1947 resultaron elegidos como presidente y vicepresidente Enrique Hertzog (1897-1981) y Mamerto Urriolagoitia (1895-1974), respectivamente. Este gobierno se embarcará en una política antiobrera: más de cinco mil trabajadores de las minas serán despedidos a causa de la caída de los precios del estaño; en febrero de 1947 se produjo una masacre de mineros en Potosí —en 1946 hubo otra de campesinos—, y los crímenes contra obreros y campesinos se repetirán en años posteriores hasta el desenlace de la Revolución.

En 1949, luego de elecciones parlamentarias, el MNR emergió como segunda fuerza política detrás de los republicanos del PURS, lo que trajo como consecuencia una crisis dentro de la coalición gobernante: renuncia Hertzog y asume como presidente Urriolagoitia.

Asimismo se produjeron enfrentamientos armados en el distrito minero de Catavi; la respuesta será la tercera masacre de la década en ese lugar. A fines de de 1947, bajo la dirección de Hernán Siles Zuazo (uno de los futuros líderes de la Revolución de 1952), partidarios del MNR organizaron un levantamiento civil en varias ciudades del país, que fue aplastado de modo sangriento.

Luego de esa serie de acontecimientos la polarización política había llegado a su límite. Por un lado, el pueblo; por el otro, la oligarquía. El PIR termina descomponiéndose totalmente, abandonado por su juventud, que fundará el Partido Comunista de Bolivia (PCB).

LA *Tesis de Pulacayo*

Este documento, aprobado en un congreso extraordinario efectuado en noviembre de 1946, tiene el innegable mérito de unir en una plataforma de combate las reivindicaciones inmediatas de la clase obrera con sus tareas históricas: unir la lucha económica a la lucha política.

El congreso (que aprobó esta tesis) fue convocado en las condiciones de una nueva situación política, luego de los sucesos luctuosos de julio de ese mismo año que terminaron con el colgamiento del presidente Villarroel, y en medio de un ambiente de agitación social, resultante de las acciones antiobreras del nuevo régimen.

La *Tesis de Pulacayo* constituyó el programa de la Revolución proletaria, «máxima conquista teórica lograda, hasta entonces, por el proletariado de América Latina» (Justo: 1971). Reproducimos a continuación fragmentos de algunos de sus puntos fundamentales:

I. Fundamentos

1.- El proletariado, aún en Bolivia, constituye la clase social revolucionaria por excelencia. Los trabajadores de las minas, el sector más avanzado y combativo del proletariado nacional, define el sentido de lucha de la FSTMB.

4.- La particularidad boliviana consiste en que no se ha presentado en el escenario político una burguesía capaz de liquidar el latifundio y las otras formas económicas precapitalistas, de realizar la unificación nacional y la liberación del yugo imperialista. Tales tareas burguesas no cumplidas son los objetivos democráticos-burgueses que inaplazablemente deben realizarse. Los problemas centrales de los países semicoloniales son: la revolución agraria y la independencia nacional, es decir, el sacudimiento del yugo imperialista, tareas que están estrechamente ligadas las unas a las otras.

6.- Los países atrasados se mueven bajo el signo de la presión imperialista, su desarrollo tiene un carácter combinado: reúnen al mismo tiempo las formas económicas más primitivas y la última palabra de la técnica y de la civilización capitalistas. El proletariado de los países atrasados está obligado a combinar la lucha por las tareas demo-burguesas con la lucha por las reivindicaciones socialistas. Ambas etapas —la democrática y la socialista— no están separadas en la lucha por etapas históricas sino que surgen inmediatamente las unas de las otras.

II. El tipo de revolución que debe realizarse

1.- Los trabajadores del subsuelo no insinuamos que deben pasarse por alto las tareas democrático-burguesas: lucha por elementales garantías democráticas y por la revolución agraria imperialista [sic]. Tampoco negamos la existencia de la pequeña burguesía, sobre todo de los campesinos y de los artesanos. Señalamos que la revolución democrático-burguesa, si no se la quiere estrangular, debe convertirse solo en una fase de la revolución proletaria.

Mientras aquellos que nos señalan como propugnadores de una inmediata revolución socialista en Bolivia, bien sabemos que para ello no existen condiciones objetivas. Dejamos claramente sentado que la revolución será democrático-burguesa por sus objetivos y únicamente un episodio de la revolución proletaria por la clase social que la acaudillará.

III. Lucha contra el colaboracionismo clasista

3.- Rechazamos la ilusión pequeño-burguesa de solucionar el problema obrero dejando en manos del Estado o de otras Instituciones que tienen la esperanza de pasar por organismos equidistantes entre las clases sociales en lucha. Tal solución, enseña la historia del movimiento obrero nacional y también internacional, ha significado siempre una solución de acuerdo a los intereses del capitalismo y a costa del hambre y de la opresión del proletariado. El arbitraje obligatorio y la reglamentación de los medios de lucha de los trabajadores es, en la generalidad de los casos, el comienzo de la derrota.

En lo posible trabajamos por destrozar el arbitraje obligatorio. ¡Que los conflictos sociales sean resueltos bajo la dirección de los trabajadores y por ellos mismos!

IV. Lucha contra el imperialismo

1.– Para los trabajadores mineros lucha de clases quiere decir, sobre todo, lucha contra los grandes mineros, es decir, contra un sector del imperialismo yanqui que nos oprime. La liberación de los explotados está subordinada a la lucha contra el capitalismo internacional.

Por que [sic] luchamos contra el capitalismo internacional representamos los intereses de toda la sociedad y tenemos objetivos comunes con los explotados de todo el mundo. La destrucción del imperialismo es cuestión previa a la tecnificación de la agricultura y a la creación de la pequeña y pesada industria.

Ocupamos la misma posición que el proletariado internacional por que [sic] estamos empeñados en destruir una fuerza también internacional: el imperialismo.

IX. A la consigna burguesa de unidad nacional, opongamos el frente único proletario

1.– Somos soldados de la lucha de clases. Hemos dicho que la guerra contra los explotadores es una guerra a muerte. Por esto destrozaremos todo intento colaboracionista en las filas obreras. El camino de la traición se abrió con los famosos frentes populares, es decir, los frentes que, olvidando la lucha de clases, unen a proletarios, pequeñoburgueses y algunos sectores de la misma burguesía. El frente popular ha costado muchas derrotas al proletariado internacional. La expresión más cínica de la negación de la lucha de clases, de la entrega de los oprimidos a sus verdugos, del punto culminante de la degeneración de los frentes populares es la llamada «unidad nacional». Esta consigna burguesa ha sido lanzada por la boca de los reformistas. «Unidad nacional» significa unidad de los burgueses con sus sirvientes para poder maniatar a los trabajadores. «Unidad nacional» significa derrota de los explotados y victoria de la rosca. No podemos hablar de «unidad nacional» cuando la nación está dividida en clases sociales empeñadas en una guerra a muerte. Mientras existe el régimen de la propiedad privada solo los traidores y los agentes a sueldo del imperialismo, pueden atreverse a hablar de «unidad nacional».

2.– A la consigna burguesa de «unidad nacional» opongamos el Frente Único Proletario (FUP). La unificación en un bloque granítico de los explotados y de los elementos revolucionarios es una imperiosa necesidad para destrozar al capitalismo que está unificado en un solo bloque.

Por que [sic] utilizamos los métodos de la revolución proletaria y porque no nos salimos del marco de la lucha de clases es que forjaremos el FUP.

[http://www.pt.org.uy/textos/temas/pulacayo.htm]

La batalla
cultural
de la época

El mestizaje

La revolución es lo que ha de venir para bien de todos. Es como el viejo cóndor de los altos cerros con su penacho blanco y que nos ha de cobijar a todos con sus poderosas alas. La revolución nos ha de enseñar muchas cosas. Tenemos pecho de bronce, pero no sabemos nada.

Francisco Chipana
Presidente del Primer Congreso Indígena
(palabras de inauguración, mayo de 1945)

Los debates culturales en Bolivia desde principios de siglo hasta la Revolución nacional de 1952, giraron en torno al sentido de nación y la visión de lo indígena. Lo indígena visto, ya como un «problema», ya como una «esperanza» nacional. La pregunta que atraviesa estas cavilaciones es el porqué del supuesto fracaso de Bolivia como nación.

La Bolivia de principios del siglo XX era la de los conservadores y liberales que rigieron cincuenta años de vida republicana entre dos guerras, la del Pacífico (1879), una guerra de Perú y Bolivia contra Chile por el dominio de los territorios de guano y salitre, productos demandados por Europa y Estados Unidos, y la del Chaco (1932), entre Paraguay y Bolivia. Ambas expresiones políticas, surgidas en medio de estas dos guerras, fueron productos de un intento de construir una sociedad bajo los moldes occidentales de la modernidad, en el marco de una democracia formal excluyente, que daba la espalda a la inmensa mayoría del país (los indígenas quechuas, aymaras, guaraníes y otra treintena de nacionalidades menores).

Bolivia era un país con su eje en los Andes, todavía desarticulado, dependiente de la minería del occidente y sin ninguna presencia significativa del oriente mayoritariamente amazónico, que aparecería en el escenario nacional sólo en 1952.

A mediados de la primera mitad del siglo XX, Bolivia no fue una excepción dentro de los nacionalismos latinoamericanos que produjeron versiones locales de una narrativa que se miraba en el espejo europeo, una imagen vestida de progreso e identificada con lo blanco, racial y culturalmente, que además dice: «...primero Europa, luego el resto». De este modo, aquel historicismo hizo del tiempo histórico europeo la medida de la distancia cultural que existiría entre Europa y los países del Tercer Mundo (Sanjinés: 2004).

La ciudadanización en Bolivia, como proyecto modernizador del nacionalismo, tiene su correlato cultural en el mestizaje. Es el intelectual nacionalista Carlos Montenegro uno de los exponentes principales de la tesis del mestizaje transformado en una afirmación, con el agregado de un supuesto antiimperialismo.

En los años 30 irrumpe el marxismo, que señala las inconsistencias del antiimperialismo del nacionalismo populista; José Carlos Mariátegui subrayará el sinsentido, en la época imperialista, de la oposición de «razas, de idiomas y de espíritu».

La Revolución de 1952, reconocida como el fenómeno de democratización más importante de la historia contemporánea de Bolivia, no logrará modificar los condicionamientos más profundos del colonialismo interno. Allí está la escuela, que lejos de ser un instrumento de igualdad ciudadana, es uno de los factores coadyuvantes para la reproducción de los mecanismos de segregación social, funcional a la lógica de disciplinamiento social del cuartel y del trabajo capitalista.

Positivismo y vitalismo: Arguedas y Tamayo

Alrededor de 1880 surgió la generación que fundó la corriente modernista, a la que se adscribirían escritores bolivianos como Ricardo Jaimes Freyre, muy cercano a la figura cimera del modernismo, el nicaragüense Rubén Darío, y que fuera ministro de Educación en el gobierno del conservador Saavedra; ensayistas y novelistas como Gabriel René Moreno, Alcides Arguedas y Franz Tamayo constituyeron la base de un importante movimiento cultural en las dos primeras décadas del siglo XX.

Para Moreno y Arguedas, después del llamado «Juicio de Mohoza» (juicio del Estado liberal por supuestos crímenes de los que se acusaba a los indígenas dirigidos por Zárate Willka, aliados de los liberales en la guerra civil de 1899) era imposible postular el mestizaje como elemento cohesionador de la nacionalidad. Lo mestizo (lo cholo) para ellos adquirió una connotación negativa, como una fatalidad.

Alcides Arguedas, con una mirada amarga, maniquea y definitivamente racista, sintetiza en su ensayo *Pueblo enfermo* (1909) la visión de las élites de lo indígena como un problema. Nacido en La Paz en 1879, era hijo de una acomodada familia paceña, propietaria de importantes haciendas. Su visión de lo indígena era la del patrón, pues él mismo era parte del Estado oligárquico fundado después del desastre de la Guerra del Pacífico, y apareció en un escenario cultural obsesionado por la búsqueda de los elementos esenciales de la identidad nacional y de las causas profundas de la inestabilidad republicana.

Arguedas juega con el paradigma positivista del dilema «civilización o barbarie», y miró el problema indígena con ojos prejuiciados, con la convicción de que la mente es un correlato de la fisiología humana. El naturalismo francés (Zola, Maupassant...) y las ideas de Spencer y Le Bon influyeron en su pensamiento, que se convirtió en racismo, entendido como la supremacía de ciertos grupos humanos sobre otros, por ello en *Pueblo enfermo* justifica las empresas imperialistas del siglo XIX.

La visión de Arguedas confrontó con la de Franz Tamayo, aymara de origen, nacido cerca de Sica Sica, en el departamento de La Paz, cuyo deseo era liderar una sublevación para cambiar el destino de aymaras y quechuas. Tamayo, que otorgó preponderancia al factor racial, al ver al indígena como una esperanza de regeneración social, buscó romper el paradigma racista arguediano en obras como *La creación de la pedagogía nacional* (1910), en la cual usa la metáfora del cuerpo como representación del cuerpo social y concluye que el cuerpo social boliviano está constituido por una voluntad indígena, y si energía y voluntad son indígenas, a partir de eso hay que construir una nueva historia social. Negaba el paradigma positivista, pero desde el vitalismo alemán, y su pedagogía es vitalista, permeada por la idealización de la fuerza del indio. Ambos paradigmas —el de Tamayo y el de Arguedas—, en definitiva, son pensados desde Europa.

Los dos reconocían que el proyecto oligárquico liberal-conservador había producido cambios notables en la nación, tales como la vinculación de algunas regiones a través del ferrocarril, pero la crítica de ambos se debía al hecho de que estos cambios no atacaban la raíz del problema: la necesidad de una «regeneración» del país a partir de una revolución moral en el sujeto boliviano. Sin un cambio en las costumbres que permitiera la construcción de un nuevo sujeto, el país jamás alcanzaría la modernidad.

Franz Tamayo escribió: «Hay dos fuerzas que la historia ha puesto en América una en frente de otra: el blanco puro y el indio puro durante la conquista. Han chocado dos sangres», y se pregunta cómo explicar el odio racial y el desprecio aparente del blanco por el indio, para concluir que es el rencor previo de quien se sabe condenado a claudicar y plegarse un día ante el vencido de ayer; a la segunda generación solo le quedaba el camino del mestizaje o perecer. El instrumento para esta revancha histórica de la nación oprimida, según Tamayo, era la formación de la conciencia nacional.

El pensamiento nacionalista

El debate fue cruzado por el pensamiento del nacionalismo revolucionario de Carlos Montenegro, escritor e ideólogo del MNR en cuyo libro *Nacionalismo y coloniaje* el mestizaje es transformado en una afirmación.

Para Montenegro, la modernidad era una historia conocida que sucedió en otro lugar (Europa), a la cual el ideólogo nacionalista le dio un color local. Pero cayó en la trampa de su propia solución, porque echó el cerrojo a la historia boliviana, proclamándola acabada en la nueva épica del mestizaje, sin representar lo múltiple y lo heterogéneo en la realidad del país.

La tendencia a interpretar lo local desde lo universal obligó a Montenegro a observar la historia tercermundista como una falta, como una ausencia. Si Arguedas desdibujó la teoría evolutiva de Darwin, Montenegro ciñó el análisis de la realidad boliviana al «devenir histórico del idealismo hegeliano» (Sanjinés: 2004).

«No, todavía» es la negativa de la narrativa occidental para situar a nuestros países en la antesala de la historia, y el rechazo a este «no, todavía» fue expresado dos veces en Bolivia. En primer lugar, en la independencia: «se trató de una primera descolonización que fue solo política porque de ella no surgió, pensamiento anticolonialista alguno» (Sanjinés: 2004) —con excepción del cubano José Martí, eso ha sido característico en América Latina. Más adelante, en los movimientos nacionalistas del siglo XX, también de naturaleza política, que permanecieron interesados en mirarse en el espejo europeo más que en la posibilidad de forjar otro proyecto que los apartase de la modernidad y de su tiempo lineal de evolución y progreso.

En este último caso se trató más bien de la utopía de un capitalismo de Estado que no pudo construir relaciones burguesas capaces de lograr su ubicación hegemónica en el todo social. Fue una «dominación sin hegemonía» de las élites modernizadoras cuyos intereses no serían sentidos ni creídos como propios por vastos sectores nacionales.

Clase trabajadora, los indígenas y el mestizaje

Los cambios introducidos por el liberalismo económico y político van imponiéndose de manera paulatina y tienen diversos desenlaces regionales y de clase. Culturalmente, la ciudadanización no alcanzó a homogeneizar al conjunto de la población trabajadora.

En el sector rural, sus efectos también fueron diferenciados. En el caso de los valles (Cochabamba principalmente) el mestizaje alimenta una vigorosa cultura popular apoyada en tradiciones quechuas, y se da una confluencia del mestizaje y del mercado interior regional. En cambio, en el Altiplano, el mestizaje rural se alió a la oligarquía terrateniente en la usurpación de ayllus, y se constituyó en el intermediario entre el mundo rural y el urbano, motivo por el cual no generó una contracultura ni una ampliación del mercado interno, y se truncaron estrategias de expansión mercantil indígenas.

Otro frente de ciudadanización se dio en la formación de la clase obrera, pero la disciplina modernizante (que impulsaba el liberalismo económico) chocó con la concepción del uso del tiempo del trabajador mestizo-indígena de las minas, propio de sus orígenes étnico-culturales. Este choque cultural se traducirá, en sus enfrentamientos de clase, en una simbiosis de tácticas de lucha: las del moderno proletariado —la huelga— y el motín preindustrial.

El anarquismo y el mutualismo obreros, primero, y luego el socialismo, el nacionalismo y el marxismo, fueron ideologías coadyuvantes al proceso de ciudadanización, lo que se evidenciará paulatinamente en la participación electoral minera (en 1947 los mineros lograrán una importante bancada obrera en el parlamento).

Estos procesos no fueron nunca lineales y estuvieron alternados por formas de protesta indígena, como las tácticas de asedio. Algunos autores interpretan este fenómeno, que se repetirá cíclicamente, como que la ciudadanización no logró transformar las confrontaciones de casta en confrontaciones de clase, debate abierto aún hoy.

El arielismo y la irrupción del marxismo

El arielismo es una metáfora político-cultural que se manifiesta contradictoriamente en un discurso antiimperialista modernista y en los temores del nacionalismo elitista frente a las masas plebeyas. El término proviene del nombre de un personaje de la obra de Shakespeare *La tempestad*: Ariel, que encarnaría los valores latinos, morales, raciales y lingüísticos, mientras que otro personaje, Calibán, representaría simultáneamente al monstruo del Norte y al «enemigo interno», el desorden social, las insurgencias obreras y campesinas, lo étnico, etcétera. La gran divulgación en América Latina de esta simbología se debe al ensayo *Ariel* (1900), del escritor uruguayo José Enrique Rodo, aunque ya en 1893 Rubén Darío la había manejado.

En una resignificación simbólica, este paradigma del arielismo se trocará en calibanismo o «paradigma calibánico», y después de la Segunda Guerra Mundial y la Revolución Cubana se manifestará como un discurso contracolonial y antiimperialista. La Revolución Cubana, el marxismo como herramienta de pensamiento y de crítica del imperialismo se apropian del personaje Calibán (o Caliban) como identidad de los pueblos latinoamericanos y caribeños, particularmente en el ensayo homónimo del cubano Roberto Fernández Retamar publicado por primera vez en 1971.

Desde antes, el marxismo había desarticulado conceptualmente el arielismo señalando las inconsistencias de su antiimperialismo, su complicidad con el autoritarismo del Estado y los ajustes disciplinadores de la modernización en contra de obreros y campesinos mediante la violencia represiva. Fue el peruano José Carlos Mariátegui, en el manifiesto «La revolución socialista latinoamericana» (1929), quien pidió el abandono definitivo del «mito de Rodó», al argumentar que en la época imperialista la oposición de idiomas, de espíritu y de razas no tenía ningún sentido decisivo, y que resultaba ridículo hablar del contraste entre una América sajona materialista y una América Latina idealista. «El mito de Rodó no obra ya», decía, y, en consecuencia, había que descartar esas ideologías y hacer cuentas con la realidad.

En Bolivia, el ensayista Fernando Diez de Medina publica *Sariri* (1956), réplica a Rodó en un texto de carácter neoindigenista que respondía a la pugna entre el Estado revolucionario que intenta institucionalizar la revolución y los sectores subalternos insurgentes, lo que sería una reedición del arielismo en el horizonte conceptual del populismo nacionalista. El Estado revolucionario boliviano, que nunca declaró una ruptura radical con el pasado y la institucionalidad que pretendía sustituir, lo que buscaba era controlar las rebeldías insurgentes y encauzarlas al eje de la institucionalidad.

La propuesta de *Sariri* heredaba las varias respuestas etnoculturalistas del indigenismo boliviano de la primera mitad del siglo XX y de la corriente conocida como «misticismo de la tierra», cultivada entre otros por Franz Tamayo, que se planteaban el «problema del indio» y el supuesto fracaso de Bolivia como nación moderna. *Sariri* no es una ruptura —a lo Mariátegui— con el arielismo, sino una reiteración del relato liberal-populista, a través de sus personajes, Thunupa y Makuri, que simbolizaban las fuerzas en choque del orden y el desorden, el bien y el mal.

Tanto *Sariri* como *La creación de la pedagogía nacional* de Tamayo pueden ser calificados como textos arielistas, pues pese a sus acentos reivindicativos son escritos frente a lo indígena como alteridad y fetiche nacional, y ambos imaginan al indio como objeto de una redención educativa.

El resultado de la empresa pedagógico-revolucionaria de Diez de Medina fue el *Código de la educación boliviana* (1955), que perfiló una educación homogeneizadora y dirigida a construir una nación boliviana hispánico-mestiza, que supone y reproduce la continuidad de una división clasista y racista del trabajo. La propuesta del código tenía un sentido profundamente disciplinario y funcionalista, que apuntaba a una «alfabetización en gran escala», la formación técnica y ocupacional y el disciplinamiento social, condiciones todas ellas para fecundar el capital.

El proyecto educativo de la Revolución y su fracaso

A inicios del siglo XX la escuela fue concebida por sectores de la oligarquía como un medio más para «suprimir lo indio». No obstante, llegó a formar parte de las demandas más sentidas e insistentes del movimiento indio cacical en los años 20 y 30.

El MNR asumió esta demanda, pero extirpando toda huella del multiculturalismo, bilingüismo y participación comunal en la organización y funcionamiento de las escuelas, a pesar de existir las ricas experiencias de Warisata, una iniciativa impulsada por el pedagogo Elizardo Pérez y el indígena Avelino Siñani, quienes crearon la escuela de Warisata, ubicada en el altiplano paceño, en 1931. Esta experiencia educativa, en la que primó la idea de que el indio era sujeto y no objeto del proceso, tomó elementos del pasado prehispánico para hacer de la escuela un núcleo productivo, y sobrevivió a la reforma educativa de 1955.

En esta reforma de 1955 existe un estrecho parentesco y complementariedad entre la escuela y el cuartel, con sus mecanismos pedagógicos coactivos, necesariamente violentos, cuyo objetivo era el disciplinamiento a un orden social. Así, en la escuela se reprodujo un sistema en el cual la casta colonial «encomendera» definía las condiciones del ejercicio del poder y, por tanto, ocupaba su vértice. Los mestizos se disputaban la mediación y el control sobre lo popular —y más recientemente sobre lo indio— como mecanismo de presión reformista y de acceso al círculo de los poderosos. El polo indio es el dominado.

En síntesis, la reforma educativa de la Revolución nacional se concentró sobre todo en la construcción de escuelas, y no en hacerse un instrumento de liberación social.

La Revolución y sus medidas

Carácter de la Revolución

De modo general se pueden resumir en dos grandes grupos las tendencias en que se mueven los análisis sobre la Revolución Boliviana de abril de 1952. Por un lado, aquella que la ve como un proceso de continuidad y no de ruptura con la historia pasada, y por otro, la que la etiqueta como una revolución inconclusa. Para esta última, la Revolución nacionalista de 1952 se interrumpirá con el golpe contrarrevolucionario de 1964, y su diagnóstico intenta rescatar los aspectos positivos y negativos del proceso, para reencauzarlo hacia sus propósitos iniciales. La otra tendencia, en cambio, resalta que hay más continuidades que rupturas con el pasado histórico, porque la Revolución no ha resuelto ni el colonialismo interno ni la dependencia, y asegura que el MNR en realidad creó una historia, se la inventó: la historia propia del vencedor que desconoce los resabios de la sociedad colonial que todavía prevalecen. Entonces, en dependencia de la perspectiva de la cual se parte para estudiar este hecho histórico, las conclusiones y las tareas políticas que de ellas se derivarán difieren considerablemente.

Nos parece adecuado partir del hecho de que, efectivamente, la Revolución del 52 presenta más continuidades que rupturas con el pasado histórico boliviano, anclado en la subsistencia del colonialismo interno y la dependencia capitalista, pero es imperativo reescribir la historia desde la óptica de los «movimientos subalternos», tomando en cuenta las influencias ideológicas y políticas de las clases dominantes sobre estos. No obstante, la Revolución de 1952 puede ser caracterizada como una revolución nacionalista, democrática y burguesa.

La insurrección triunfante abre en Bolivia una situación sui géneris, en la cual las concepciones desarrollistas y modernizantes del MNR coexistirán, en una primera etapa, con la hegemonía obrera expresada en la Central Obrera Boliviana, cuyo programa pedía: nacionalización de las minas y los ferrocarriles, reforma agraria, diversificación de la industria y creación de nuevas fuentes de riqueza por la acción directa del Estado. Esta coexistencia, fruto de las circunstancias históricas, se tradujo políticamente en el cogobierno COB-MNR.

El cogobierno se expresaba en la presencia de los trabajadores —obreros y campesinos— organizados en la COB a través de tres ministerios: el de Minas y Petróleo, el de Asuntos Campesinos y el de Trabajo. El gabinete era encabezado por el nuevo presidente de la república Víctor Paz Estenssoro (1907-2001), fundador y jefe del MNR en 1941, junto a un grupo de intelectuales y políticos. Paz, al momento de la gesta revolucionaria, se encontraba exiliado en Argentina, y a su retorno, luego de los hechos revolucionarios, fue ungido presidente por Hernán Siles Zuazo (1913-1996), quien encabezara la Junta Revolucionaria entre el 11 y el 14 de abril de 1952.

Muy pronto el cogobierno se mostrará ineficiente para concretar las medidas propuestas por los trabajadores, porque lo que entrará en disputa, en el fondo, son dos proyectos de revolución diferentes: la que proponía el MNR y la que proponían los trabajadores: una de carácter nacional, democrática y burguesa, la otra de carácter socialista, expresada en la *Tesis de Pulacayo*. Se impuso el proyecto del MNR. No podemos analizar el cómo y el porqué de las causas, pero hay que decir que esta contradicción polarizará paulatinamente el enfrentamiento entre el MNR y la COB —la columna vertebral de esta última fueron los mineros.

No obstante sus posturas reformistas moderadas, el MNR, que se declaraba «constitucional», se vio obligado en un primer momento a tomar medidas revolucionarias, por la presión de las masas. Una de las principales disposiciones en el plano del monopolio de la violencia fue la depuración del ejército, en virtud de la cual se dio de baja a medio millar de oficiales y se redujo este cuerpo armado a dimensiones ínfimas. Las armas pasaron rápidamente a manos de los revolucionarios, que organizaron el sistema nacional de milicias obreras, cuyos mandos se encontraban en niveles inferiores. Los campesinos se agruparon como sindicato armado, aunque en el nombre —sindicato— de sus organizaciones está la impronta política de los mineros. Otras medidas fueron: ministerios obreros, control obrero con derecho a veto, reparto de los latifundios y sindicalización total, que configuran las acciones más profundamente revolucionarias de la primera etapa del gobierno del MNR.

Este conjunto de medidas referidas a la propiedad de la tierra y de las minas, el mando obrero expresado en el cogobierno, el control obrero responsable de la fiscalización de la administración de COMIBOL y otras importantes empresas estatales, y las milicias obreras, marcan la presencia determinante y clasista de los obreros en el poder, coexistiendo con una política estatal policlasista y nacional, agraria y antiimperialista.

Fue sin duda, hasta la Revolución Cubana, la más izquierdista que conociera América Latina. Esto llevaba a decir a los voceros del poder derrocado y a la derecha de los países vecinos, que en Bolivia imperaba la dictadura del proletariado, «la Bolivia comunizada».

Aprovechando la atmósfera revolucionaria se organizaron cientos de sindicatos en el campo, entre cuya población se repartieron armas, y se modificó de facto el régimen de tenencia de la tierra, destruyendo el sistema de haciendas. Ya en 1953 los campesinos, a través de la lucha por sus objetivos, se convirtieron en factor de contrapeso al poder obrero, que el MNR sabrá utilizar para sus propias finalidades, es decir, para evitar convertirse en simple «delegado político» del sindicalismo obrero, por una parte, y por otra, para imponer su carácter de clase a las medidas económicas y políticas que implementará paulatinamente.

La participación norteamericana

Otro factor determinante para el curso que tomaría la Revolución, es la acción del imperialismo. La forma y el carácter de esta ingerencia se manifiesta en un documento del senado norteamericano fechado en 1955, en el que se explica la conclusión de que el gobierno boliviano es «ahora más marxista que comunista» y se aboga para que EE.UU. lo apoye bajo la premisa de «evitar que lo desplacen los elementos más radicales». En vez de boicot, se optará por la «ayuda». Veremos, más adelante, en qué consistió tal ayuda.

Era comprensible y lógico que el gobierno norteamericano se preocupara por la profundización de la Revolución y aspirara a que los «elementos más radicales» —lenguaje diplomático— fueran desplazados por el ala conservadora, o sea, la derecha del MNR. Menos comprensible, aunque no inexplicable, resulta por qué consideraba al gobierno boliviano «marxista» y no «comunista», cuando, por lo general, ambos términos, en el uso político común, se suelen utilizar como sinónimos ¿A qué obedece tan sutil distinción?

En la década del 50 se vivía el apogeo de la llamada Guerra Fría, y el adversario de Estados Unidos era la Unión Soviética; como telón de fondo: la guerra de Corea, Dien Bien Phu, el Macartismo y el éxito de la operación de la CIA en Guatemala. Fue precisamente en la conferencia de cancilleres en Caracas dedicada al «comunismo internacional» (marzo de 1954) y en la que se condenó a Guatemala y se preparó el derrocamiento de Jacobo Arbenz, donde el gobierno del MNR aceptó las imposiciones de Foster Dulles, secretario de Estado norteamericano, que condicionaba su «ayuda» a Bolivia a la realización de elecciones, la reorganización del ejército, la promulgación del código del petróleo, las garantías para la inversión extranjera y el plan de estabilización monetaria.

Era el precio que el MNR debía pagar para que el senado norteamericano lo distinguiera como «marxista» antes que como «comunista», y más allá de los apelativos, para hacerse merecedor de su ayuda y evitar una agresión al estilo de la sufrida por la Guatemala de Arbenz. Entreguismo inútil, como después lo podrá comprobar el propio Víctor Paz, derrocado por Barrientos en otra operación exitosa de la CIA.

La lucha ideológica

No se puede ignorar el papel de las ideas en la definición del curso de cualquier proceso revolucionario; varios ejemplos históricos lo demuestran: Turquía en cuanto al ideal nacionalista, Rusia y China en cuanto al socialismo, son algunos ejemplos de esta afirmación.

En la lucha de ideas de la Guerra Fría, la disputa no fue planteada como una confrontación entre capitalismo *versus* socialismo, sino entre totalitarismo y democracia, el mundo libre frente a un mundo totalitario.

En esto consistió de manera general la pugna ideológica entre las clases sociales en Bolivia. El MNR como abanderado de la democracia, enmascarado en el policlasismo y el populismo, frente al carácter clasista de la estrategia de la COB y de la izquierda, a la que se identificaba con el totalitarismo. Se trataba de determinar quién imponía su propio carácter de clase al movimiento democrático en general. Lo que aconteció en Bolivia en 1952 fue la imposición del carácter de clase de la pequeña burguesía al conjunto de la nación, incluso a la clase obrera. La pequeña burguesía, que es lo más parecido a la burguesía...

La Central Obrera Boliviana (COB)

El 17 de junio de 1952 se fundó la COB, en el contexto de la insurrección triunfante. La COB, que representaba a los trabajadores, pero también era el ala radical de la Revolución, desde el momento mismo de su fundación intervino directamente en el terreno político y participó en el gobierno.

Lo característico de la COB fue que a partir de los sucesos revolucionarios, la asamblea sindical se convirtió en la «suprema ley y autoridad»; la COB «es el poder político más importante y el escenario de la disputa por el control del país» (Justo: 1995). Los ministros obreros debían responder ante las bases por sus actos y no ante el MNR ni el parlamento. La COB era la organización con la cual se identificaban más estrechamente las masas; en los campamentos mineros, por ejemplo, el sindicato era consultado no solo para resolver los problemas de trabajo, sino también las dificultades propias de la vida cotidiana.

Se afirma que la COB se parecía más a un soviet que a un sindicato clásico. Los primeros meses que siguieron a la victoria de la Revolución fueron caracterizados por la existencia de una «dualidad de poderes», en analogía a lo que sucedió entre febrero y octubre de 1917 en Rusia, donde los soviets eran los organismos que expresaban esa dualidad de poderes. En 1917 en Rusia el poder efectivo era el llamado gobierno provisional, que detentaba todos los órganos de poder, mientras el colateral eran los soviets, apoyados directamente en la mayoría del pueblo, en los obreros y soldados en armas. El poder dual era un Estado transitorio.

Juan Lechín, dirigente de la Federación de Mineros de Bolivia (FSTMB), fue elegido para encabezar la COB, y, al mismo tiempo, ministro de Minas. Hijo de un comerciante libanés y de una mujer de pueblo (una chola), ostentaba una condición de clase bivalente y contradictoria: por una parte fue un niño común en Corocoro, donde nació, y por otra, estudió en el Instituto Americano de la ciudad de La Paz, un colegio para las los hijos de las élites. Esto se reflejará en su personalidad como dirigente sindical, fraternal con los obreros y allegados políticos, pero también capaz de actitudes frívolas.

Su trayectoria política y sindical comienza en 1944, año en que fue nombrado prefecto de Uncia por el gobierno de Villarroel, lo cual le permitirá tomar contacto con los mineros de Catavi, Siglo XX y Llallagua. Acerca de su condición de trabajador minero no existe certidumbre, en cambio, es un hecho que en un congreso de este sector fue elegido secretario permanente, encargado de tramitar demandas sindicales, y en 1945, en el segundo congreso de la FSTMB, emergió como secretario ejecutivo, máximo cargo.

Lo que explicaría el caudillismo de Lechín, según Guillermo Lora, jefe del POR y autor de la famosa *Tesis de Pulacayo*, sería la juventud del proletariado boliviano, poderoso y débil al mismo tiempo, capaz de aplastar a sus seculares enemigos y después entregar el poder al MNR. Se trataba de un proletariado saludable, pero principiante, con muy pocas referencias en el pasado; poderoso hacia fuera, mas débil para sí mismo. De modo que Lechín encarnó el radicalismo de la masa y se convirtió en su voluntad omnímoda e indiscutida.

Por otra parte, los campesinos, que fueron parte constitutiva de la COB, tendían, en sus primeras fases, a actuar junto a los obreros en una revolución agraria como consecuencia, pero cuya causa radicaba en lo proletario —la revolución agraria fue fruto de la maduración del nacionalismo y de la conducción de facto de los obreros.

La COB, y los mineros como su eje, organizan actos de masas para encarar las tareas de la Revolución, a pesar de los intentos de Víctor Paz para que no hubiera movilizaciones, por el temor de que las manifestaciones obreras desbordaran los límites del sistema. Desde el gobierno se sabotearon incluso los actos de apoyo al MNR, pero estas expresiones, cuya consigna principal fue «nacionalización de las minas sin indemnización, bajo control y administración obrera», eran incontenibles, y la COB —según *Rebelión*, su periódico de esa época— aparecía como su centro real político y organizativo.

En 1954 se realizó el primer congreso de la COB, en el que se aprobó un programa que reclamaba la profundización de las nacionalizaciones, la expropiación de los ferrocarriles y del diario *La Razón* —vocero de la «rosca»—, y se proclamó a sí misma como «Parlamento Obrero», aunque mantenía aún confianza en el MNR, al que pretendía obligar a profundizar las medidas revolucionarias.

El año 1956 marcará un cambio de rumbo en la conducta de la COB, y señalará una línea de diferenciación dentro del movimiento sindical. Hernán Siles Zuazo (el otro líder de la Revolución) resulta electo presidente de la república, y aplica el denominado Plan Eder, diseñado con intervención directa de técnicos norteamericanos y adoptado para la estabilización y el desarrollo de la economía nacional. Entre fines de 1956 y principios de 1957 hay grandes manifestaciones y la consigna «COB al poder» se corea en las calles. En abril de 1957 se realiza el congreso de la FSTMB. La dirección de la COB opta por apoyar a Siles, pero sus bases prefieren una línea independiente del MNR, y reclaman para ellas el poder.

En 1957 se celebra el Congreso Ordinario de la COB, que exige la suspensión de todo pago de indemnizaciones a los ex dueños de las minas nacionalizadas, la defensa y ampliación del control proletario y la administración obrera de las minas nacionalizadas; frente al sabotaje del imperialismo deciden pedir la ayuda de los países del campo socialista, fortalecer las milicias obreras y armar a las masas. Este plan era una respuesta de los trabajadores al rumbo claramente sumiso al imperialismo adoptado por el MNR.

El congreso marcó un alto punto de la lucha de los trabajadores por imprimir su sello a la conducción de la Revolución, pero también la inflexión hacia una relativa declinación, al no concretarse en una real dirección alternativa al MNR y por la debilidad de las tendencias revolucionarias en su interior.

A partir de ese año la pugna entre el MNR y los mineros se acentuará, y se irá traduciendo en exigencias de cumplimiento de su propio programa, con huelgas y movimientos campesinos en el norte, movilización de fábricas en La Paz, Oruro y Cochabamba de manera aislada, e incluso enfrentamientos armados entre milicias obreras y milicias movimientistas, estas últimas reclutadas en zonas urbanas, donde se dice que empezó a desempeñar su papel el ex nazi alemán Klaus Barbie (más conocido como El Carnicero de Lyon), quien imprimió a las milicias movimientistas femeninas (los comandos María Barzola) y las de funcionarios del Estado y lumpens, el carácter de fuerzas paramilitares.

La COB no pudo proyectar ni concretar la alianza obrero-campesina, mientras el MNR logró este apoyo gracias al influjo beneficioso de la reforma agraria para los campesinos.

Los trabajadores mineros se replegaron a sus campamentos, manteniendo las milicias, una de sus principales conquistas, a la que se suman sus radioemisoras, que constituyeron un sistema de comunicación moderno, importante soporte organizativo y cultural en la cohesión de la identidad de clase de los mineros.

La COB: ¿SOVIET O SINDICATO?

Como señalamos anteriormente, se planteó la discusión de si la COB era un mero sindicato o una especie de soviet. Los que sostenían la tesis de que fue un soviet, planteaban la presencia, en los primeros tiempos, de un poder dual, en el que coexistieron el poder real en manos del MNR y el poder «fantasmal» de la COB.

El poder dual para Lenin, el líder de la Revolución Socialista Rusa, se manifestaba en la existencia de dos gobiernos: el de la burguesía y el del proletariado. El primero, el poder efectivo y verdadero; el de los trabajadores, poder —fantasmal— suplementario, colateral y de control.

Estos caracteres, efectivamente, son similares a los de la COB de 1952. La diferencia consiste en que el poder dual en Bolivia aparece invertido. En Rusia el poder económico de la burguesía sobrevivió sin alteración al cambio de la forma de gobierno, del zarismo a la república burguesa, aunque sustituyó a la nobleza en el control estatal, pero en Bolivia la gran burguesía y los hacendados sucumbieron casi sin huella: fue la hecatombe de todo el sector dominante y no solo de parte de él. Luego de los primeros meses de la Revolución, la supremacía le corresponderá a la pequeña burguesía, que en Bolivia estaba aliada a los obreros. Sin embargo, en el marco del poder dual la pequeña burguesía no había sido sino un administrador del poder obrero.

No fue, en efecto, la contrarrevolución lo que acabo con este poder, sino el cogobierno. Pero este proceso no terminaría hasta la llamada restauración en 1964.

La nacionalización de las minas

La principal medida que exigían los mineros y su organización sindical, la FSTMB, era la nacionalización de las minas, asumida plenamente por la COB y el conjunto de la nación. Pero a los pocos días de la instauración del gobierno de Víctor Paz Estenssoro, este anunciaba que no era una tarea inmediata. Solo a fines de mayo, por presión de las masas, se formó una comisión para estudiarla.

Esa será la tónica a lo largo de 1952: el MNR daba largas al asunto, aduciendo que la nacionalización era un paso muy serio para aprobarlo enseguida, proponía medidas preparatorias como la creación de COMIBOL y defendía la necesidad de indemnización a los «barones del estaño». El presidente de la comisión encargada de estudiar la nacionalización era Hernán Siles, quien resumirá el espíritu «nacionalista» del MNR al declarar que «nacionalizar no es expropiar».

Los trabajadores, buscando ir más allá de las medidas del gobierno, primero con mítines multitudinarios y desfile de milicias armadas, pedían la nacionalización inmediata; el fruto de estas primeras acciones fue lograr que se formara la comisión de estudio, pero luego, ya para el mes de octubre, se vieron obligados a declarar la movilización general bajo control de las milicias, hasta que el gobierno ejecutara la nacionalización. A mediados de octubre, Lechín, principal dirigente de la COB, ejecutivo de los mineros y ministro de Minas y Petróleo del gobierno, amagó con renunciar a su cargo de ministro ante los trabajadores, en defensa de una nacionalización con indemnización, pues entendía que la expropiación simple y llana entorpecería las relaciones con Estados Unidos. El pago o no de indemnizaciones resumía una de las contradicciones de la Revolución.

Finalmente, el 31 de octubre de 1952, en el Campo de María Barzola, en Catavi, el gobierno firmó el decreto de la nacionalización de las minas, «regalo de los incas», a decir de Augusto Céspedes, escritor, político y uno de los principales ideólogos del MNR. Se nacionalizaban todas las inversiones extranjeras en el país, salvo las de la empresa transnacional La Grace y de otras más avizoras, y se indemnizaba a los «barones» con 22 millones de dólares. Quedaba claro que no se quería romper con la dependencia. El imperialismo no solo impuso excesivas indemnizaciones, sino que se preocupó por mantener el control de los sectores clave de la minería al alimentar la oposición a la instalación de las fundiciones y conservar el monopolio sobre el transporte. La COMIBOL fracasará como empresa del Estado en la medida en que no tenía el control del circuito minero de la explotación, comercialización y control de los precios. Al final, la nacionalización resultó negocio exitoso para los viejos oligarcas mineros. En vez de regalo de los incas, fue una suerte de presente griego.

Entre 1952 y 1960 la producción del estaño, principal rubro de explotación de la COMIBOL, se redujo de 27 000 toneladas a 15 000. Disminuyó también la de cobre, tungsteno, antimonio y zinc. El valor de las exportaciones de los minerales, consiguientemente, bajó de 136 millones de dólares a solo 55, y como la economía boliviana continuaba siendo monoproductora y dependiente de la exportación de minerales, resultaba un grave quebranto económico para el país.

Las razones para este fracaso fueron de naturaleza política: orientando el excedente económico minero a las otras ramas de la economía, mediante la entrega de divisas al Banco Central, que le pagaba a COMIBOL precios inferiores a los del mercado, se le produjo una sangría económica que terminó por descapitalizarla. Para el sector nacionalizado de la minería esto se tradujo en la imposibilidad de reponer maquinarias y equipos ya obsoletos al momento de la nacionalización, sumada a graves deficiencias administrativas.

Para fines de la década del 60 la situación de la COMIBOL era catastrófica, y para encararla se recurrió al Banco Interamericano de Desarrollo (BID) y a los gobiernos norteamericano y alemán; se recuperó parte de la producción pero los costos eran deficitarios. Producir una libra de estaño costaba en Bolivia 1,47 dólares, y en el exterior 1,09.

El mecanismo internacional para fijar precios era el Convenio Internacional del Estaño, establecido en 1956 por los principales productores y compradores del mundo para estabilizar los precios, pero en realidad los precios internacionales los fijaba

Estados Unidos mediante el eficaz mecanismo de sus «reservas estratégicas», a las que contribuyó decisivamente el mineral boliviano a lo largo de las décadas pasadas. Por otra parte, Bolivia seguía dependiendo para la fundición de la Williams Harvey de Liverpool, perteneciente al grupo Patiño. Una vez más los proyectos de instalar en el país una fundición que permitiera integrar la industria minera y poner freno al drenaje de divisas, chocó con las concepciones «realistas» de la burocracia estatal, que con argot técnico y financiero desestimaban cualquier propuesta en ese sentido.

Así, la COMIBOL terminó sometida a los monopolios que controlaban la fundición y la comercialización de los minerales.

La reforma agraria

Fue obra de las mismas masas campesinas-indígenas gracias al impulso obrero, pero ya existía una conciencia social del problema que rebasaba ampliamente al MNR o a cualquier otro grupo político. La reforma se aplica según los lineamientos del Plan Bohan de 1942 (plan económico diseñado por una misión estadounidense, que proponía como punto principal la diversificación económica frente a la monoproducción minera), cuyos contenidos y recomendaciones se basaban en un modelo de desarrollo rural que aspiraba a viabilizar el desarrollo capitalista a partir de la conversión de la hacienda tradicional en empresa.

El proceso de esta reforma agraria tuvo un origen de flagrantes contradicciones. El MNR trataba de crear, a partir de ella, una burguesía nacional, al estrechar lazos productivos y comerciales entre el campo y la ciudad, y desarrollar un mercado interno, que nunca surgió. La reforma agraria, según el objetivo explícito del MNR y del propio Víctor Paz antes de dictar el decreto del 2 de agosto de 1953, buscaba abrir posibilidades para que la burguesía creciera, pero tal «burguesía boliviana» no pudo surgir porque la principal base de sustentación de la reforma eran campesinos ligados a la tierra comunitaria, y no propiamente agricultores cooperativizados o latifundistas medianos (Antezana: 1971).

Tras el VI Congreso del MNR celebrado en febrero de 1953, en pleno ejercicio del poder, Paz Estenssoro reunió una Comisión Nacional de Coordinación y Planeamiento, en la que expertos agraristas discutieron el contenido de la reforma agraria que sería promulgada en agosto de ese año. Fue un momento crucial en el que se enfrentaron dos tendencias: la que proponía una reforma gradual, pactada y no violenta, y la movimientista, encabezada por Víctor Paz, que propugnaba una radical expropiación de tierras basada en el uso de las armas de que disponían las milicias, y fue la que se impuso.

La reforma agraria reconocía varios tipos de propiedad: el solar campesino de residencia rural, la pequeña propiedad agraria, la mediana propiedad, la propiedad de la comunidad indígena, la propiedad agraria cooperativista y la empresa agrícola.

La reforma fracasó porque falló en su objetivo fundamental: la distribución y redistribución de la tierra. Mientras en el occidente se desataban luchas faccionalistas, parcelación improductiva de la tierra hereditaria y el abandono migratorio de tierras carentes de tecnología agrícola, en el Chaco y el oriente las propiedades latifundistas se mantuvieron inalterables. En el Beni, por ejemplo, un solo gamonal como Nicolás Suárez detentaba la propiedad de casi seis millones de hectáreas (aproximadamente 56 000 km^2). La reforma agraria del MNR desconoció los derechos territoriales de los pueblos originarios de la Amazonía y repartió tierras a militantes movimientistas de clase media, creando una «burguesía nacional» a partir de 3 000 dueños de medianos fundos con cerca de dos mil hectáreas por unidad. Esto explica las victorias del MNR en el Beni.

En el departamento de Santa Cruz se dio similar situación: 10 millones de hectáreas fueron distribuidas entre 5 000 medianos propietarios. Para Santa Cruz significó el surgimiento de una oligarquía terrateniente que se benefició con los excedentes de la exportación de minerales de la COMIBOL, empresa que subvencionó a la agroindustria, con lo cual posibilitó el único atisbo de modernización capitalista.

En términos generales, además de la expropiación de las haciendas, la reforma agraria produjo los siguientes resultados:

Formación de una pequeña burguesía agraria y creación y afianzamiento de un importante sector empresario agroganadero y comercial.

Individualización de la producción. Las comunidades indígenas del occidente fueron respetadas pero no favorecidas.

Nueva estratificación social y nuevos mecanismos de explotación de los campesinos-indígenas.

El sindicalismo campesino

Ucureña, la localidad donde se firmó el Decreto de la Reforma Agraria, poseía las mismas características sociales que en el resto de las zonas vallunas de Cochabamba, cuyo eje central estaba constituido por la hacienda. Los colonos, al igual que sus esposas e hijos, se encontraban sometidos al llamado pongueaje, sistema de prestación de servicios al patrón; más abajo que los colonos en la pirámide socioeconómica estaban los arrimantes, quienes cultivaban una parte del terreno para usufructo de estos; los seguían los sitiajeros, que tenían poco o ningún acceso a las tierras de cultivo, pero se les dotaba de un sitio para vivir, y por último los desahuciados o expulsados de las haciendas, que vagaban de un lugar a otro buscando trabajo.

Como anunciando la importancia que iba a tener después, el primer sindicato campesino surgió en Ucureña. Curiosamente, no nació en el marco clásico de la lucha contra los hacendados, sino en contra del mal administrado monasterio de Santa Clara, que luego se constituirá en el centro geográfico del poder campesino y se transformaría prontamente en una suerte de vanguardia agrarista del país, gracias sobre todo a la organización de un sector de pequeños propietarios llamados también piqueros. No por casualidad allí se firmó el Decreto de la Reforma Agraria en 1953.

La reforma tuvo su epicentro en los valles cochabambinos por razones socioeconómicas. En esta región, sobre todo en las alturas de las provincias de Tapacari, Ayopaya y Mizque, donde subsisten comunidades de raigambre aymara, los indígenas comunarios conservaban modos de producción inclusive anteriores al incanato quechua, y permanecieron en latente conflicto desde la ley de ex vinculación dictada por Mariano Melgarejo. Para estos campesinos recuperar sus tierras comunarias de manos de los gamonales abusivos y expoliadores era un objetivo planteado mucho antes, y muy por encima de las consignas partidarias enarboladas por el PIR, el POR y el MNR.

Después de la Revolución de Abril los líderes campesinos captaron de inmediato que se avecinaban buenos tiempos para las movilizaciones, y partir de entonces comenzaron a desarrollar una actividad febril. José Rojas, un dirigente campesino cochabambino, recorría cada hacienda, cada aldea, y en todas partes pronunciaba fulminantes discursos sobre la revolución agraria y la formación de sindicatos. Según cuenta uno de sus lugartenientes, repetía que «los campesinos deben llevar sus rifles al hombro para defender sus derechos [...] después se sacaba su sombrero viejo, gritando que los que estaban con la revolución agraria usaban así sombreros viejos de pobre, mientras que otros que hablaban de la reforma agraria, usaban sombreros nuevos, mostrando sus tendencias burguesas y acomodadas» (Mires: 1996).

También en otras regiones comenzó a manifestarse la insurgencia campesina, aunque sin la intensidad de los valles cochabambinos. En Achacachi, en el altiplano paceño, por ejemplo, la Revolución de 1952 fue el punto de confluencia de una serie de movimientos campesinos, y surgieron líderes carismáticos, entre los cuales quizás el más notable fuera Luciano Quispe, el Kepiri ('cargador', una suerte de estibador de tareas domésticas; se usa también para referirse al vestir haraposo), quien no era campesino sino profesor de escuela y después dirigente obrero afiliado al MNR. Otro dirigente relevante fue Wila Saco ('saco roto'), que vivió sus primeras experiencias en Cochabamba para luego aplicarlas en Achacachi y Belén. Rojas, Quispe y Wila Saco iban de lugar en lugar predicando la buena nueva de la insurrección e incitando a la toma de armas para recuperar las tierras. Poco después de la Revolución de Abril de 1952, en Achacachi y en menor medida en zonas vecinas como Belén, Chigipina Grande, Cicho, Taramayo, entre otros, surgieron los llamados «regimientos campesinos», en cuya dirección se destacó el ex zapatero Toribio Salas (Mires: 1996).

Un rasgo central de estos movimientos es la relación líder-sindicato, entendido el «sindicato campesino» más como una traslación semántica del término a las diferentes unidades organizativas agrarias —la hacienda, el ayllu-comunidad, provincias, regiones—, que en su acepción moderna. El dirigente sindical era obedecido como un cacique, cuyas funciones iban desde resolver los diferendos internos, acerca de los derechos de usufructo y del trabajo de la tierra, hasta los conflictos familiares.

Rojas insistía siempre en la necesidad de mantener la independencia de los campesinos, y llamaba a constituir sindicatos autónomos. De este modo, esos sindicatos obligaban prácticamente al Estado a apoyar las expropiaciones que los campesinos realizaban armas en mano, por lo cual estos no consideraban las reparticiones de tierra como regalos del MNR, sino como conquistas propias. Así el liderazgo de Rojas fue eclipsando al de Rivas, campesino militante del MNR.

José Rojas se formó políticamente como militante del PIR. Nacido en Ucureña, muy joven tomó parte de la Guerra del Chaco, poco después fue portero de la primera escuela y miembro del primer sindicato campesino agrario de Cochabamba en 1946, y más adelante asumió la dirección del sindicato. Como muchos otros dirigentes campesinos, era seguido por su gente con una lealtad solo parecida a la de los campesinos del sur de México respecto a Emiliano Zapata. Sería una de las figuras más importantes de la Revolución de 1952, y contando con el respaldo del gobierno y de la COB, fundó una federación departamental de campesinos en el Valle Bajo de Cochabamba.

Rojas estableció una poderosa organización regional en el Valle Alto de Cochabamba, y proyectó una imagen de auténtico líder, más que cualquier otro dirigente campesino de la región. Uno de sus cercanos colaboradores lo caracterizaba así: «era un hombre muy vivo que sentía y sabía proyectar las demandas más cerca de nuestro corazón, personificando nuestros deseos. En cambio, los otros líderes de fuera no eran campesinos como él» (Mires: 1996). Aunque después de 1952 estableció vinculaciones con el MNR, las filiaciones partidarias eran para él algo muy secundario si se comparan con la real militancia en el movimiento.

En las primeras etapas de la Revolución el sindicato fue un eficaz instrumento de lucha, una suerte de poder local que hacía de policía y legislaba en las cuestiones cotidianas de la vida comunal. Luego se convertiría en correa de transmisión del gobierno de turno. Una muestra de eficacia en las tareas de los primeros tiempos de la Revolución, es que, por ejemplo, en Cochabamba se crearon 1 200 sindicatos con cerca de doscientos mil miembros, según relatan las crónicas periodísticas de la época.

La penetración imperialista

El imperialismo, en tanto, ya estaba montando el cerco para estrangular a la Revolución. Su táctica era aprovechar las contradicciones del MNR para fortalecer a sus sectores derechistas y por esta vía impulsar la reorganización del ejército. Para tal fin utilizó como caballo de Troya la estrategia de penetración mediante los «planes» de ayuda económica.

En 1953 llegaron los primeros alimentos norteamericanos; en 1955 se empezó a perder el control del precio del estaño y en 1957 se impuso el Plan Eder de estabilización monetaria. Más tarde se reorganizó el ejército, con la intervención directa del Pentágono. El país se irá subordinando a los norteamericanos y dependerá como nunca de la ayuda externa.

En realidad, la estrategia yanqui fue preparada y comenzada a implementar mucho antes. Según Taboada Terán (2006), en abril de 1951 una misión especial del Departamento de Estado trajo consigo a Klaus Altmann Barbie, el tristemente famoso Carnicero de Lyon, que fue hospedado en la VII división acantonada en Cochabamba, para asesorar operaciones de inteligencia. Sus actividades y «valiosos servicios» al ejército boliviano hasta finales de la década del 80 son dignos de investigación. Lo cierto es que Barbie tuvo que ver mucho con el «asesoramiento» en las labores de control político del MNR.

El punto culminante de ese proceso fue la aprobación, en 1955, del Código Davenport, con el que se selló la liquidación de YPFB, entregando sus áreas de reserva a la Gulf Oil. El argumento para este objetivo principal de los norteamericanos fue la necesidad de «inversión extranjera» como única vía para solucionar los problemas del Estado boliviano.

La desnacionalización del petróleo

Los años iniciales de YPFB, luego de su nacionalización, fueron exitosos a pesar de sus enormes dificultades, y en 1942 sobrepasó en más del 70% la producción de la Standard Oil. En 1953 se cubrió el consumo interno con petróleo boliviano. Sin embargo, poco a poco el cerco financiero de las transnacionales y el cerco político de los agentes del imperialismo fueron limitando el trabajo de la empresa estatal.

La capitalización de YPFB se sustentó en los recursos de la minería. Esta política descapitalizó a la minería pero creó una actividad de reemplazo, también primaria, mas con amplias potencialidades dinamizadoras: hasta 1945 las exportaciones de petróleo estuvieron por debajo de los cien mil barriles anuales; en el trienio 1945-1947 superaron esa cifra, para caer nuevamente por debajo hasta 1954; en 1955 se dio un gran salto al multiplicarse por 9 la producción con respecto a 1954; en 1957 se superó por primera vez la barrera del millón de barriles anuales, y diez años después, en 1967, se sobrepasaron los diez millones.

El MNR y su principal líder, Víctor Paz, se opusieron tenazmente en 1942 al convenio con la Standard, denunciaron y criticaron acremente la masacre obrera en Catavi e intervinieron exitosamente en las negociaciones sobre la venta de wólfram a EE.UU. Fueron la principal fuerza de oposición al régimen, pero una vez en el poder, con la promulgación del Código Davenport, redactado por abogados norteamericanos, decretaron en 1955, en los hechos, la desnacionalización del petróleo, al permitir el reingreso de las petroleras en sus condiciones: un decreto leonino que establecía el 20% de la producción para Bolivia y el 80% para esas compañías.

En el marco de la discusión sobre la construcción de los oleoductos a Chile en la década del 50, la Gulf, para desarmar a la opinión pública y demostrar la utilidad del oleoducto, señaló que inmediatamente se podían colocar en California 15 000 barriles diarios de crudo liviano de la zona de YPFB. Lo que no aclaraba es que el crudo solo podía alcanzar ese mercado a través de su propio mecanismo comercial, empleando su sistema de distribución y transporte.

La exportación a la costa americana se apoyó en una cruel paradoja: YPFB ponía los recursos para la construcción del oleoducto y la Gulf los administraba como si fuera su propietaria. En consecuencia, a través de la ayuda norteamericana y con el Código Davenport en la mano, la Gulf terminó desplazando a YPFB de la administración de los recursos; al mismo tiempo, desvió la producción de su centro de gravitación natural hacia el Pacífico, conforme a las cuotas asignadas por el cartel petrolero mundial.

Si en 1936 se produjo el primer rescate del petróleo de manos de la transnacional Standard Oil, en 1969 se producirá el segundo rescate con Alfredo Ovando Candía, quien expropiará la Gulf. La razón fue la seguridad del Estado, ya que esta compañía intervenía abiertamente en la vida nacional, compraba influencias, trató de desplazar a YPFB del mercado interno al intentar forzar una autorización gubernamental para construir un gasoducto hacia las minas y ciudades, y, sobre todo, porque el Código del Petróleo (Davenport) que la amparaba era tremendamente lesivo al interés nacional.

Acumulación capitalista

Los proyectos iniciales del MNR solo se cumplieron en escasa medida, y bien pronto se cambiaron por una política «realista» esencialmente conservadora. A la política inflacionista que había caracterizado los primeros años de la Revolución, se le opuso en 1956 el Plan de Estabilización, diseñado por el Fondo Monetario Internacional (FMI), y controlado a través de un consejo presidido por funcionarios norteamericanos. Establecía drásticas reducciones del presupuesto, que dejaron de lado la mayor parte de las obras de «desarrollo»; se restringieron los créditos, se eliminaron las subvenciones de los artículos de consumo de primera necesidad (alimentos), se abandonó el control de precios y los sueldos fueron congelados.

A partir de ese momento la solución de los problemas económicos pasó a depender de la «ayuda» norteamericana, que desde 1954 llegaba en forma de excedentes agrícolas, créditos e innumerables misiones de asistencia técnica para el campo, en salud, educación y otros. La Alianza para el Progreso reforzó esas tendencias y el monto de la ayuda, que hasta entonces se había mantenido en unos 15 millones de dólares, ascendió a 35, a 53 y a 75 millones (Del Campo: 1986).

Pero esta ayuda no era desinteresada, y si bien contribuía, de momento, a evitar el ascenso de las tensiones sociales y la radicalización de las luchas, lo importante para los intereses norteamericanos es que les permitía presionar eficazmente para obtener condiciones favorables para sus capitales.

Sergio Almaraz, intelectual boliviano y militante comunista, llamó a esta época el «tiempo de las cosas pequeñas», por la timidez de las medidas de la Revolución, el pragmatismo de encarar planes concretos —los planes «posibles», para lo que era funcional la ayuda norteamericana—, contraponiéndolos a la «ilusión» de grandes planes. Si Busch y Villarroel, en el imaginario movimientista, simbolizaron el momento heroico de la pequeña burguesía del MNR, este período de las cosas pequeñas muestra las limitaciones de una burguesía tardía en la fase del imperialismo.

René Zabaleta dio cuenta de este fracaso en el lúcido ensayo «Bolivia: el desarrollo de la conciencia nacional», en el que explica la frustración capitalista y el mito del desarrollo capitalista boliviano, y apunta que «no solo es posible el socialismo en Bolivia sino que Bolivia será imposible sin el socialismo; es una necesidad de su existencia, sin cuyo cumplimiento la nación no podrá ser efectivamente nación».

El año 1956 marca el punto más alto de la crisis económica del país. Los trabajadores no sabían que en esos momentos empezaba un giro definitivo en la suerte de la Revolución. Así comenzó el camino de la restauración del poder capitalista y neocolonial. Como señalaba Zavaleta, «la política económica estaba unida inseparablemente a la forma del poder revolucionario». Algo que las generaciones de hoy y del futuro deberán asumir con inventario a su cargo.

El mito del desarrollo: inventario de algunas falacias

La falacia del desarrollo agrícola

El agrarismo era una doctrina de los modernizadores desarrollistas, que tenía más componentes políticos e ideológicos que económicos, porque era poco lo que se podía conseguir con el simple reparto de tierras, como lo demostraría el decurso de la reforma agraria. El argumento esgrimido por los modernizadores fue el mito del «metal del diablo», que atribuía a la explotación minera la frustración del país, su falta de integración asociada a la monoproducción, a la carencia de un mercado interno, a la desvertebración económica y a la incomunicación territorial.

Bolivia estaba conectada al mundo externo, pero desconectada de su mundo interior. De este diagnóstico surge la propuesta desarrollista del autoabastecimiento y la diversificación económica, que debía acompañar una política de fomento agrario en las tierras del oriente, unida a migraciones poblacionales, tanto estimuladas por el Estado como espontáneas.

Comenzar el desarrollo por la agricultura fue el mito emergente frente al del «metal del diablo». Es decir, desarrollo sometido al mercado interno. Ahí radicaba la falacia, porque comprometió al país con la miopía del desarrollismo por etapas: primero, la expansión de la agricultura; luego, la producción de materias primas para después entrar en la industria ligera y colmar el mercado interno, y luego... muy luego, encarar las posibilidades de la industria pesada.

La falacia de la factibilidad de los proyectos

Para los técnicos norteamericanos que «asesoraban» al MNR y alimentaban las ilusiones de los dirigentes movimientistas, admiradores de la Revolución Mexicana, la factibilidad de los proyectos económicos era la condición sine qua non para el desembolso de su «ayuda» económica —factibilidad quiere decir que un proyecto social o económico debe ser rentable, generar ganancias; las dos premisas básicas de la factibilidad económica son: ahorrar plata y no perderla.

La «factibilidad económica» se puede calificar como Alberdi a la estadística: una «mentira elevada al rango de ciencia exacta». En cambio, para los banqueros la «factibilidad» es como una «linterna mágica» que los ayuda a escudriñar en las intimidades de nuestro fluir económico, ver sus intereses, pero no los del país. Cuando hablamos de la liberación nacional y social de nuestros pueblos no estamos hablando de «ciencia», como piensan los positivistas, que debe guiar las acciones de los hombres; al contrario, la ciencia debe ser un instrumento que sirva a los objetivos de los hombres.

LA FALACIA DE QUE EL DESARROLLO PRODUCE MÁS DESARROLLO

Los objetivos propuestos por los revolucionarios en el poder eran democráticos y nacionales, es decir, burgueses: convertir a los ex pongos en ciudadanos; la unidad nacional o la unidad de clases sociales a través de una economía de mercado y de la vertebración geográfica.

El problema que enfrentó la realización de estos objetivos tiene que ver con lo que se llama «tiempo histórico». Muchos países en Europa pudieron alcanzarlos en el siglo XIX porque era un tiempo en el que no existía el imperialismo. Es más, el propio desarrollo del capitalismo en esos países generó el fenómeno del imperialismo.

Descrito de manera simple, el imperialismo es un sistema en el que muchos países son explotados por unos pocos, o, al revés, en que el bienestar de esos pocos depende de la súper explotación de muchos. En términos más técnicos, el subconsumo de las naciones como Bolivia paga una economía de desperdicio de otros (tesis de los teóricos de la dependencia, Ruy Mauro Marini entre otros). Así, la contracara del imperialismo es el colonialismo.

Por eso mismo, y de manera fatal, la búsqueda del «desarrollo nacional» en 1952 y siguientes consigue un resultado opuesto al deseado: el subdesarrollo. Esta quimera del desarrollo empedró el camino del subdesarrollo y de las humillaciones inherentes a la dependencia y el neocolonialismo, de la colonización de la Revolución por el imperialismo.

El camino descrito es el del desarrollismo, no muy diferente del que adoptaron otros países de América Latina al influjo de la política norteamericana y las corrientes teóricas de las épocas denominadas precisamente desarrollistas, como la expresada por la Comisión Económica para América Latina (CEPAL) y en la práctica concreta de intromisión norteamericana con la llamada Ayuda para el Progreso de John F. Kennedy, entonces presidente de EE.UU.

Pero, como ya se dijo, la cuestión no tenía que ver solamente con lo económico, sino que pasaba por la resolución del poder: retenerlo, asumirlo y concentrarlo, lo cual permitiría ser defensivo y desafiante a la vez. Esto hubiera sido posible de no cometerse el error central de la Revolución, que derivó en lo ya conocido, que el proletariado cediera el poder a la pequeña burguesía, que es lo más parecido a la burguesía.

Las consecuencias de este error se plasmarán en el golpe de Estado de Barrientos en noviembre de 1964.

La restauración de la oligarquía

El general René Barrientos (1919-1969) demostró su eficacia ocupando militarmente los campamentos mineros, estableciendo una rígida disciplina al tiempo que procedía a desarmar las milicias y apresar a los dirigentes sindicales, despidiendo a un gran número de mineros y ahogando en sangre la resistencia de los trabajadores en la Masacre de San Juan de 1967, que quiso ser el escarmiento definitivo. Antes había procedido a la rebaja salarial en un 40%.

Un nuevo Código Minero otorgaría mayores facilidades a las empresas extranjeras, al establecer la libre comercialización de minerales —que entregaba a los pequeños productores a la voracidad de los rescatadores de mineral (*rescatiris*)— y rebajar el porcentaje de las regalías para beneficiar a los mineros medianos.

La reducción de las reservas fiscales anunciaba el traspaso a manos privadas de importantes reservas mineras como las de Lipez y Turquí, sobre las que se abalanzaron numerosos pretendientes. El contrato de «colas» y «desmontes» (rezagos de la explotación minera con contenidos de estaño, calculados en un millón de toneladas) con la International Mining Processing Co., y el arriendo de la mina Matilde (una de las más ricas productoras de zinc), se hicieron en condiciones sumamente desfavorables para el Estado boliviano. Finalmente, completando el cuadro de entregas, la Bolivian Gulf Oil Co. recibió el 90% de las reservas de gas.

Todas estas medidas, además de beneficiar directamente a los intereses imperialistas, iban alimentando una nueva «rosca» formada por gerentes y abogados de las empresas extranjeras, rescatadores y «medianos mineros enriquecidos», que sumados a los importadores, especuladores, industriales y terratenientes «capitalistas» no afectados por la expropiación, constituían el germen de una nueva oligarquía.

El impulso dado a la agricultura comercial —sobre todo de la región de Santa Cruz— tendía a reforzar a esta nueva clase contrarrevolucionaria. Pero ella era aún insuficiente como base de sustentación política, de ahí que Barrientos recurriera a una desenfrenada demagogia para lograr el apoyo de sectores campesinos, que habían desempeñado, a partir de la reforma agraria, un papel conservador, pues temían que cualquier innovación pusiera en peligro la reciente adquisición; sus sindicatos se burocratizaron y la corrupción de sus dirigentes hizo de ellos presa fácil de la demagogia paternalista de Barrientos.

Esta alienación de los campesinos, como veremos más adelante, fue uno de los factores determinantes del aislamiento de la guerrilla del Che, junto al desmantelamiento de las organizaciones obreras en general y la actitud del Partido Comunista Boliviano (PCB). La influencia de la guerrilla, sin embargo, precipitó la politización del sector estudiantil, que hasta entonces se había mantenido relativamente apartado de las luchas sociales y bajo la influencia de la Democracia Cristiana (DC).

La colonización
del poder

Carácter del golpe de Estado de 1964

En 1960 el imperialismo norteamericano completó la fase de ocupación económica y de poder real del país con la reorganización del ejército. Este período entreguista fue presidido por Hernán Siles bajo la dirección de Jackson Eder, representante de los intereses norteamericanos. La subordinación del poder al sindicalismo obrero había concluido y la tarea de división del movimiento campesino avanzaba con éxito.

El peso del pasado aún servirá para alimentar pasajeras ilusiones de retorno a la fase revolucionaria. La oposición obrera del MNR logra imponer la fórmula Paz Estenssoro-Juan Lechín, pero este gobierno será simplemente una prolongación del período silista, pese a las fuertes presiones populares de los sectores obreros que se van recuperando. Mientras las masas obreras y campesinas afirmaban su lucha para profundizar el proceso con medidas antiimperialistas, las estructuras partidarias del MNR se hallaban fraccionadas, y los norteamericanos advierten el peligro.

Esta nueva fase será la prosecución por la vía política en su más elevada expresión, la del enfrentamiento armado, de lo que en el terreno de la economía ya estaba logrado. Jackson Eder hace mutis por el foro y entra en escena la CIA.

En 1964 la decadencia del MNR había llegado al punto de que sus políticos solo buscaban acomodarse de la mejor manera con los agentes del imperialismo. El embajador norteamericano, Mr. Henderson, de manera poco diplomática, le planteará a Víctor Paz en 1964 la ejecución de la segunda parte del Plan Triangular, exigencia que podría resumirse en: intervención militar en las minas y garantías para los técnicos encargados de vigilar la ejecución de la primera parte del plan, que tenía como objetivo la reorganización de la COMIBOL. La negativa de Paz Estenssoro será solo una postergación de este designio. Barrientos surge como la carta del imperialismo, por medio de un golpe de Estado que pretextaba una rectificación del proceso y vendía ilusiones de democracia política y bienestar social. Un año después, en 1965, ya derrocado Paz, el ejército ocupará a sangre y fuego los campamentos mineros.

El Plan Triangular

A los pocos meses de asumir el gobierno la dupla Paz-Lechín, la protesta popular hace tambalear su gestión. Este gobierno estaba ya comprometido con el imperialismo a través de su plan de desarrollo económico y social decenal, que se apoyaba en «ayudas» e «inversiones extranjeras». En enero de 1961 Lechín va a Washington a negociar un financiamiento para la minería estatizada, primer paso del llamado Plan Triangular que pretendía la recuperación de la minería nacionalizada. La desorientación de un obrero con mentalidad pequeño burguesa se hace evidente.

El Plan Triangular se denominó así por las tres fases en que estaba dividida su ejecución, unidas al objetivo de reordenamiento administrativo y económico de la COMIBOL. Pero los propósitos no explícitos eran la desnacionalización de la minería para beneficiar a la minería «mediana» —que de mediana solo tenía el nombre, pues era la gran minería vinculada a capitales norteamericanos— y el aplastamiento del movimiento obrero.

Entre las medidas inmediatas estaban la imposición de «un grupo asesor» en la dirección de COMIBOL, el cierre de minas no rentables, los despidos de supernumerarios, la eliminación de la pulpería barata, la rebaja del 50% de los salarios de los trabajadores, la cancelación del control obrero con derecho a veto y la eliminación de la ingerencia sindical, e incluían la ocupación militar de los distritos mineros y el cierre de sus radioemisoras. En resumen, una formal declaratoria de guerra a la clase obrera minera.

En lo económico, este plan contemplaba la inversión de 47 millones de dólares, ridículo presupuesto con el que los norteamericanos asumían el papel de árbitros de la minería nacional. Paz Estenssoro se negó desde un principio a tratar con los sindicatos y desconoció, de facto, el control obrero. Las dos primeras fases del plan se llevaron a cabo entre 1961 y 1964, para cumplir parcialmente objetivos relacionados con la metalurgia, exploración, asistencia técnica y desplazamiento de supernumerarios. En cuanto a la tercera fase, que implicaba controlar totalmente el sindicalismo y sus derechos, recurriendo para ello a la ocupación militar, es la que marcará el fin del proceso de nacionalismo revolucionario, por la vía del golpe de Estado orquestado por la CIA.

En octubre de 1964 ocurrió un episodio de confrontación armada entre el ejército y los sindicatos mineros de Siglo XX y Catavi, estos en un intento de frenar a Paz Estenssoro en su objetivo de imponer por la fuerza el Plan Triangular para la COMIBOL, una de cuyas exigencias, como ya se dijo, era el silenciamiento de las organizaciones sindicales en sus demandas sociales a la empresa y al Estado, propósito al que obedecía la presencia del ejército en torno a los campamentos. El enfrentamiento se produjo en las pampas de Sora Sora, semanas previas a la caída del régimen y la instauración de la Junta Militar encabezada por Barrientos y el general Ovando Candía, y define la ruptura de los mineros con el carcomido régimen nacionalista.

El golpe militar del 4 de noviembre de 1964 marca el inicio de la aplicación de la tercera fase del plan, y significa el triunfo de la contrarrevolución. Los militares llamaban a su acción golpista «revolución restauradora», y tenían razón: restauraron los métodos represivos de la «rosca» y las masacres de obreros.

EL PACTO MILITAR CAMPESINO

No solo las minas representaban un problema para el MNR y el imperialismo, también necesitaban someter al movimiento campesino y a sus milicias. La imposición del disciplinamiento social, por la vía del control militar (en el caso minero eso representaba el Plan Triangular), fomentó los enfrentamientos entre los campesinos, una lucha fraccionalista promovida por el propio MNR en el agro, que junto a las provocaciones urdidas por la burguesía, desgastaban y desviaban a las masas campesinas de sus finalidades. Entre 1959 y 1960 se desató una virtual guerra civil entre Cliza y Ucureña en los valles cochabambinos. Otra provocación anticampesina fue la emboscada en Achacachi al dirigente Toribio Salas, promovida desde el Ministerio del Interior, que ocasionó una lucha fratricida entre campesinos de Belén y Warisata, en el departamento de La Paz.

De este modo, en una combinación de «arbitraje» y «acción cívica», las fuerzas armadas iban creando bolsones de intervención militar en los principales núcleos campesinos, con el fin aislarlos hasta liquidarlos. Estas acciones de «pacificación» lograron el control y la reorganización del movimiento sindical, y serán la base del pacto militar-campesino. No es un dato menor que el propio Barrientos haya sido en esta época el jefe militar en Cochabamba.

El pacto militar-campesino instituido por Barrientos fue una estructura de enlace entre el sindicalismo domesticado por el Estado y el ejército, que sustituyó a la articulación sindicato-partido producida durante el mandato del MNR. El ejército asumió no solo el control del aparato sindical, sino también el control preventivo de las poblaciones a través de la Acción Cívica de las Fuerzas Armadas y de entidades estatales como las alcaldías y las prefecturas.

De todas maneras, la imposición del pacto no fue homogénea y sin conflictos; tuvo más éxito en los valles y en el norte de Potosí, donde la gestión de Acción Cívica fue intensa en su afán de enfrentar a los campesinos con los combativos sindicatos mineros. En cambio, en el Altiplano este pacto sufrió fisuras tempranamente. En diciembre de 1968 Barrientos será echado a pedradas de una concentración campesina en Achacachi, en protesta por sus pretensiones de aplicar un «impuesto único» sobre la propiedad de la tierra, recomendado por USAID. Esta protesta contra el impuesto único se extendió por algunas zonas de Santa Cruz y logró su indefinida postergación. En lo político, posibilitó la aparición de un Bloque Independiente campesino opuesto al pacto, que se afiliará a la COB.

El Sistema de Mayo

En mayo de 1965 Barrientos se hará presente en el Palacio de Gobierno uniformado como paracaidista «boina verde». No era un mero simbolismo, sino la transparencia con que su dictadura, como otras tantas, mostraba el verdadero poder, el del gobierno norteamericano, y su decisión perentoria de que no habría más dilaciones en el reordenamiento minero; significaba la tercera fase del Plan Triangular. A esta combinación de medidas económicas con la brutalidad represiva se denominará Sistema de Mayo.

Barrientos emprende su obra. El 7 de mayo aprueba el nuevo Código de Minería, que autorizaba la libre comercialización de minerales, la entrega de la mina Matilde a un consorcio norteamericano y las «colas» y «desmontes» de Catavi a otra transnacional.

Se otorgaba además a la Gulf Oil la propiedad del gas natural que pertenecía a YPFB. Lo que sucedía era que la minería mediana había aumentado su producción, mientras que la de la estatal disminuía y la pequeña estaba estancada, en medio de una elevación de la cotización de los principales minerales como el estaño, el wólfram y el antimonio. Por otra parte, la entrega de las reservas de gas a la voracidad de la Gulf era una vuelta de tuerca más del Código Davenport, que había enajenado la propiedad del petróleo a mediados de la década pasada.

Toda esta política requería aplastar el último bastión de la resistencia popular: los sindicatos mineros. También en mayo de 1965 se inició la provocación a la clase obrera, con el apresamiento y posterior exilio de Lechín. La COB decretó la huelga general, pero solo los mineros la acataron hasta el final. La red de emisoras del sector llamaba a la resistencia, mientras el plan del alto mando militar era ir ocupando uno a uno los distritos mineros.

Los trabajadores respondieron a las medidas del gobierno con huelgas que asumieron un carácter político: se inauguraba el desafío abierto. Ese mismo mes el gobierno respondió a cada acción obrera con medidas cada vez más duras: a la huelga general siguió el decreto de reordenamiento; la resistencia de Milluni dará lugar a que se rebajen los salarios en un 40%; en Kami ingresaron las tropas militares y después bombardearon Milluni. El punto neurálgico de la resistencia eran Siglo XX y Catavi. El ejército logró ocupar las minas y los sindicatos fueron descabezados; el resultado: centenares de dirigentes sindicales debieron salir al exilio, cuatrocientos mineros fueron despedidos, los salarios se rebajaron en un 40%, se impuso el toque de queda y se estableció un sistema de vigilancia militar sobre los campamentos. Los distritos mineros se convirtieron en zonas militares donde imperaba un sistema cuartelario. El comandante militar reemplazaba al gerente de las empresas.

Los norteamericanos habían ganado la partida, pero el Plan Triangular terminará en un fracaso económico. Las minas no fueron rehabilitadas y solo el alza de los precios internacionales de los minerales salvó de la debacle a la COMIBOL. El plan fue un monstruoso engaño.

La resistencia minera y la masacre San Juan

La masacre de San Juan, una nueva acción asesina del poder en contra de la clase obrera minera, se produjo en la madrugada del 24 de junio de 1967, en los distritos mineros de Siglo XX y Catavi, y posteriormente en Huanuni y otros del resto del país. Fue calificada por el gobierno como una «acción preventiva». Preventiva ante el temor —y al mismo tiempo pretexto— de la articulación de la lucha minera y la guerrilla del Che.

El gobierno no alcanzaba a medir en toda su dimensión y proyecciones el brote guerrillero surgido en el sudeste boliviano, pero resultaba claro que si el movimiento laboral, en pleno proceso de recuperación, llegaba a conectarse con la incipiente guerrilla, el panorama se tornaría gris para el poder y para el imperialismo. Desde marzo de 1967 se tenía la certeza de la acción guerrillera de Ñancahuazu, lo que modificó el panorama político. Ninguna acción de rebeldía anterior había colocado la cuestión del poder en disputa con tanta fuerza, como reconocería el comando militar norteamericano de la zona del Canal de Panamá, que advirtió que a pesar de la debilidad y el aislamiento del brote guerrillero, sus proyecciones subversivas eran demasiado intranquilizadoras. Crecía el rumor de la constatación de la presencia del comandante Ernesto Guevara en Bolivia.

El temor del gobierno era evidente, ya que para entonces las acciones guerrilleras se habían desatado con duros reveses para las fuerzas armadas, y al mismo tiempo, era inocultable la desestabilización política del régimen de Barrientos.

Este temor tuvo que acrecentarse ante una declaratoria de los mineros en Huanuni, el 16 de junio, que proclamaban «territorio libre» a las minas. Un poco antes otros distritos habían expresado su apoyo abierto a la guerrilla, y Catavi y Siglo XX se declaraban en «estado de emergencia»; las acciones repercutían en los estudiantes universitarios y de secundaria, que también anunciaron el «estado de emergencia». Lo más preocupante para el gobierno era la convocatoria al ampliado nacional minero que debía realizarse el 24 de junio en Siglo XX para pedir la reposición salarial —reivindicación básica de los trabajadores—, pues, a la luz de los acontecimientos (respaldo a la guerrilla en los distritos mineros, sectores universitarios y estudiantes de secundaria), era un hecho casi seguro que, además, decidiría el apoyo de los mineros a la guerrilla.

Poco antes, los trabajadores mineros habían optado por vías legalistas y de negociación para sus demandas de reposición salarial y reconocimiento sindical, y se comenzaron a elegir representantes sindicales en asambleas generales, pero la dictadura militar no toleraba la reorganización de la Federación de Mineros. Dentro de las limitaciones de la lucha economicista y puramente sindical, se convocó a un ampliado minero en Siete Suyos (Potosí), para unificar pliegos petitorios que más adelante serían negociados con el gobierno. La torpeza del régimen echó por los suelos las ilusiones legalistas.

Luego, los trabajadores de Huanuni, en reclamo permanente por los abusos de un par de técnicos, y ante la sordera de las autoridades, tomaron las cosas por su cuenta y expulsaron a los ingenieros del campamento. El gobierno respondió con el *lock out* (cierre empresarial) y trasladó la gerencia a un campamento militar cercano a Huanuni. Los trabajadores tuvieron que retroceder y como represalia fueron despedidos los principales dirigentes, que partieron en busca de solidaridad a los distritos de Catavi y Siglo XX, donde se convocó a una asamblea general para recibirlos. Esta asamblea denunció los abusos en la COMIBOL en contra de los trabajadores, y los discursos, radicalizados, propusieron la formación de un fondo económico para ayudar a la guerrilla. La policía tomó nota de esos pronunciamientos.

Los temores a la conexión entre mineros y guerrilleros comenzaban a insinuarse. Aún débil, era el primer paso; después se empezaría a reclutar hombres para alimentar la insurgencia. Lo peor para el gobierno era que estas insinuaciones provenían de los distritos mineros que mayor rebeldía y heroísmo demostraron siempre.

Sin embargo, el apoyo a la guerrilla fue un pretexto para perpetrar la masacre de San Juan, porque el gobierno de Barrientos tenía sus propios objetivos: el plan restaurador traducido en la tercera fase del Plan Triangular, una virtual declaratoria de guerra a los mineros desde 1965, y en realidad no necesitaba de justificaciones para arremeter y masacrar, pues en el fondo se trataba de acabar con la resistencia obrera-minera, que se había mostrado desde ese entonces tenaz y permanente, y combinaba de manera creativa direcciones clandestinas y explosiones de fuerza y violencia. No es pues un factor externo —la guerrilla— el que determina el grado de radicalización de la lucha de los mineros, aunque, evidentemente, este factor haya actuado, en aquella coyuntura, como catalizador de una lucha que se fue gestando en la resistencia al Sistema de Mayo y que estaba a punto de alcanzar su punto más alto en el ampliado minero del 24 de junio en Siglo XX, que más allá de apoyar o no a la guerrilla, podía poner en pie de lucha a la COB, con la consecuencia de incorporar a otros sectores en el objetivo de poner fin al régimen barrientista. Fue esta la razón de fondo para la brutal arremetida contra los campamentos mineros.

El Che en Bolivia

Pese a la distancia física que media entre el sudeste de Bolivia donde tuvieron lugar las acciones guerrilleras comandadas por

Ernesto Che Guevara, que se inician el 23 de marzo de 1967, y los campamentos mineros del occidente del país, en los que los obreros sostenían una tenaz lucha por dar vigencia plena a sus organizaciones sindicales —la FSTMB, los sindicatos—, para luchar en mejores condiciones por sus pliegos petitorios que apuntaban a mejorar su situación económica, hay, entre ambos, una «relación intangible» (Soria: 2007), aunque no existieran nexos directos.

La guerrilla actuó como un catalizador de la lucha de los mineros, y la masacre de San Juan, perpetrada por el ejército comandado por el presidente René Barrientos Ortuño, pretendía evitar la convergencia y articulación de estas dos expresiones de la lucha de clases en una sola vertiente insurreccional.

Sería redundante repetir los hechos históricos relacionados con la presencia del Che en Bolivia, acerca de los cuales existe una abundante bibliografía. Corresponderá a las nuevas generaciones rescatar estas historias de rebeldías acumuladas en un proyecto de cambio social, y valorar los principales problemas de la lucha reivindicativa y social de los trabajadores, así como los de la vanguardia revolucionaria, sin perder de vista que los éxitos o los fracasos por sí mismos no determinan lo correcto de una línea: el asesinato del Che no significó el fin de la lucha revolucionaria ni invalida su herencia teórica, su estrategia y su política; asimismo, las masacres del pueblo minero, lejos de amedrentar a los trabajadores, tuvieron el efecto de radicalizar a diversos sectores sociales —clases medias, estudiantes, curas y sectores militares—, lo que se expresará en sucesos posteriores.

Para cerrar este capítulo, consideramos útil para la valoración que corresponde a las generaciones actuales sobre la presencia del Che en Bolivia y las luchas obreras, algunas opiniones de intelectuales bolivianos y del francés Régis Debray acerca de los temas considerados, que aparecen en un valioso rescate colectivo de nuestra memoria histórica, el reciente libro: *1967: San Juan, a sangre y fuego*, publicado en Bolivia en 2007 con motivo de conmemorarse el aniversario 40 del asesinato del Che.

RÉGIS DEBRAY (filósofo y escritor francés) nacido el 2 de septiembre de 1940 en París, proveniente de una familia burguesa muy adinerada, se doctoró en la Escuela Normal Superior, donde más tarde impartiría clases. Fue un seguidor del marxista Louis Althusser, participó en la guerrilla del Che y fue prisionero del ejército boliviano):

> La guerrilla hizo impacto allí donde no estaba; el efecto rebasó la causa y escapó a su control; la prosecución de la ofensiva guerrillera se produjo, pero más como un fenómeno de contagio espontáneo y de solidaridad unilateral, que no como un movimiento de protesta ofensivo combinado con la dirección de la guerrilla.
>
> Los motivos no faltaban: la junta militar de Barrientos-Ovando había reducido los salarios de los obreros de la COMIBOL de un golpe en un 45%, ejemplo sin duda único en la historia contemporánea que no ignora la disminución del poder adquisitivo o la congelación de los salarios, pero en el que su reducción a la mitad, por decreto gubernamental, de la noche a la mañana, no es precisamente cosa corriente.
>
> Este ataque fue descrito como «preventivo» por el gobierno, que atribuyó falazmente a los mineros, para justificarse a posteriori, la intención de atacar la guarnición de Challapata, junto al lago Poopó, acusación absurda ya que los mineros en busca de armas habrían caído sobre un batallón de ingenieros prácticamente desarmado.
>
> Este episodio sombrío resume en su aridez los datos del drama futuro. La matanza del 24 de Junio lleva en germen el asesinato del 8 [sic] de Octubre; los mismos generales que ordenaron la primera ordenaron el segundo; y la misma razón que les permitió asesinar a los mineros, sin que los guerrilleros pudieran impedírselo o disuadirlos de ello, les permitió asesinar al Che sin que los mineros pudieran impedírselo o disuadirlos de ello.

MARCELO QUIROGA SANTA CRUZ (1931-1980, fue fundador del PS-1 —Partido Socialista 1— y notable orador parlamentario, cuya interpelación por la masacre de San Juan le costó la cárcel. Uno de los propugnadores de la segunda nacionalización del petróleo en 1969, fue asesinado en 1980 por la dictadura militar imperante):

> Fue entonces que la noche de San Juan, cuando las fogatas se apagaban, se encendió la terrible pasión humana y las víctimas sin nombre comenzaron a caer en la sombra. ¿Por qué, se preguntaron todos, ordenó el Presidente de la República el ingreso de tropas en los centros mineros? Descartadas las contradictorias explicaciones oficiales, porque carecen de veracidad y coherencia, ¿cuál fue el secreto motivo por el que la incursión militar tuvo las características de inaudita violencia que tantas vidas ha cobrado?
>
> Hoy como en 1965, el General Barrientos piensa, sobre todo, en su propia institución porque la sabe desencantada y angustiada por la ineficacia del gobierno que contribuyó a formar... Frente a las consecuencias de la incursión en las minas, las FF.AA. se verían obligadas a observar una conducta de solidaridad institucional con el Capitán general que las mandó a enfrentarse con los obreros.
>
> Las FF.AA. han marchado sobre las minas en cumplimiento de una orden presidencial y obtenido una victoria de Pirro. El presidente ha conseguido su objetivo pero a un precio demasiado alto; el de muchas víctimas y el del prestigio de su propia institución en riesgo inminente de enajenarse el afecto popular.

René Zabaleta Mercado (1938-1984, ensayista y político, miembro de la izquierda del MNR, militó luego en el Partido Comunista de Bolivia. Su labor intelectual es de innegable valor):

> Los trabajadores declararon territorio libre los distritos mineros de Catavi, Llallagua y Siglo XX y proclamaron su apoyo a la causa guerrillera. La respuesta fue la intervención masiva del ejército. Nunca se supo por qué la guerrilla prestaba tan lateral atención a este sector políticamente el más definido de Bolivia, dueño de una tradición combativa enorme y el más perseguido por la restauración.
>
> Pero lo que ocurre generalmente en Bolivia, ocurre intensamente en las minas y lo de San Juan fue solamente el anuncio de lo del Churo. En todo caso, al margen de otra discusión, en este país es claro que la forma de guerra aun la forma de política que aspire a existir sin dar un papel de protagonista al proletariado minero, está destinada al sofocamiento. Contrasta mucho el sacrificado apoyo de los mineros con la desnoticiada falta de atención al hecho por parte de la guerrilla pero todo esto no era sino parte de una desafortunada desarticulación.

Glosario

Acullico: Masticación de la coca. Costumbre de los trabajadores y campesinos andinos, como parte de su cultura.

Arielismo: Recuerda a los personajes de la obra de Shakespeare *La tempestad*, en los que se inspiró Rodó (1872-1918) para su *Ariel* (1900). En torno al mago Próspero se encuentra Ariel, personaje fantástico en la obra, una suerte de espíritu que representa la inteligencia, la belleza, la armonía, la acción; Próspero opone Ariel a Calibán, símbolo del dominado y la rebeldía, vencido por Ariel. Muchos han simbolizado en Ariel y en la liberación de su espíritu, como Rodó, la guía de las nuevas generaciones americanas; otros la representan con Calibán, el dominado y rebelde (*www.cialc.unam.mx/pensamientoycultura/biblioteca%20virtual/ diccionario/**arielismo**.htm*).

Ayllu. Forma de organización social sobre la que descansaba toda la sociedad andina, que estaba formada por diferentes grupos de familias que rendían culto a la misma huaca (deidad simbolizada en la piedra) y poblaban un mismo territorio. El ayllu es aún un modelo de organización social y su vigencia abarca a casi todos los pueblos indígenas de la región: Colombia, Ecuador, Perú, Bolivia y Chile. En el pasado, comprendía todo el territorio del Tahuantinsuyu, que significaba y, significa aún hoy, un espacio de unidad y reciprocidad.

Cancha mina: Patio de la mina.

Chola (o): Mestiza (o). La chola se caracteriza por su peculiar vestimenta (pollera y sombrero en forma de hongo).

Encomienda: Institución colonial establecida a raíz de la conquista española de América, con el fin de beneficiar a los conquistadores que habían sido fieles al rey, a quienes se les otorgaba una cantidad de tierra con los indígenas en ella incluidos, a quienes los encomenderos estaban obligados a cristianizar. Durante el gobierno (1569-1581) del virrey Francisco de Toledo, conde de Oropesa, se organizó un nuevo sistema que implantaba el pago de tributo, el cual variaba según los ingresos de la comunidad evaluados por la tasa que mandó a hacer Toledo, y también según el número de varones que conformaran esa comunidad. El pago al que estaban sujetos los indígenas era diferente según las posibilidades del grupo y variaba tanto en cantidad como en calidad, pues se podía tributar en ropa, en maíz, en ganado, en dinero (plata sellada), etc. (Meza, Gisbert: 2007).

Kala-uyo: Se puede traducir como 'cara descubierta'.

Khantuta: Flor nacional de Bolivia.

Leyes de Indias: Legislación promulgada por los monarcas españoles para regular la vida social, política y económica entre los pobladores sus colonias en América. No mucho después del descubrimiento, la Corona mandó que se observasen las llamadas Leyes de Burgos, sancionadas el 27 de diciembre de 1512 y debidas a la preocupación real por el constante maltrato a los indígenas, de acuerdo con los informes de los padres dominicos. Fray Bartolomé de las Casas levantó un debate en torno al maltrato a los indígenas con el sistema de las encomiendas, por lo que el emperador Carlos V convocó a una junta de juristas para resolver la controversia. De esta junta surgieron las llamadas Leyes Nuevas, de 1542, que ponían a los indígenas bajo la protección de la

Corona. Después de muchas polémicas jurídicas entre España, Nueva España y Perú, se publicó en 1680, durante el reinado de Carlos II de España, una obra conocida como *Recopilación de Leyes de las Indias (es.wikipedia.org/wiki/**Leyes_de_Indias**)*.

Lumpen o lumpemproletariado: Término de origen marxista con el que se designa a la población situada socialmente por debajo del proletariado, desde el punto de vista de sus condiciones de trabajo y de vida; está constituido por los elementos degradados, desclasados y no organizados del proletariado urbano, así como aquella parte de la población que para su subsistencia desarrolla actividades al margen de la legalidad o en la marginación social —delincuencia, prostitución, etcétera (**es.wikipedia.org/wiki/ Lumpemproletariado**).

Mita: Del quechua: **mit'a**, 'vez, turno, tiempo, periodicidad' (Rostworowsky: 1988), 'turno de trabajo'. Era un sistema laboral originario de la región andina consistente en la selección de miembros de un ayllu determinado para emplearlos en un trabajo a favor del Incario. El sistema fue aplicado por los españoles en los virreinatos americanos. Durante la época precolombina, no implicaba sueldo para el mitayo, pero este era sostenido por el Estado; cuando llegaron los españoles, pretendieron seguir con el sistema, pero sin hacerse cargo del mitayo.

Modernismo: Movimiento de ruptura con la estética vigente, que se desarrolla en América hasta la Primera Guerra Mundial. Esa ruptura se enlaza con la amplia crisis espiritual del fin de siglo, el profundo desacuerdo con la civilización burguesa, el malestar social (oposición y alejamiento del sistema) y la crisis de conciencia, que lleva a la rebeldía política, todo ello manifiesto en el aislamiento aristocrático y el refinamiento estético. Algunas características del modernismo son: rechazo de la realidad cotidiana, ante la cual el escritor tiene dos posibilidades: huida en el tiempo (con lo que canta a épocas pasadas que considera más esplendorosas que la suya) o huida en el espacio (gusto por los lugares exóticos); actitud aristocratizante y preciosismo. El color azul y el cisne se destacan como favoritos de los modernistas. El azul simboliza los sueños imposibles y el cisne representa la actitud aristocratizante (*www.stanford.edu/~kalu/Moderni.html*).

Sísifo: Dentro de la mitología griega, hizo enfadar a los dioses por su extraordinaria astucia. Como castigo, fue condenado a perder la vista y empujar perpetuamente un peñasco gigante montaña arriba hasta la cima, solo para que volviese a caer rodando hasta el valle, y así indefinidamente (*es.wikipedia.org/wiki/**Sísifo**)*.

Tahuantinsuyo: Palabra derivada de la frase quechua *Tawantin Suyu* ('los cuatro suyus en su conjunto', 'el cuarteto de suyus'), pues se componía de cuatro partes: Chinchasuyo, al norte; Cuntisuyo, sobre la costa del Pacífico; Antisuyo, en la selva; y el Collasuyo en el altiplano. La capital donde confluían los cuatro suyos era el Cuzco, cuyo nombre significa 'ombligo del mundo' (Meza, Gisbert: 2007).

Breve cronología

1932-1935
Guerra del Chaco.

1934
Fundación del Partido Obrero Revolucionario (POR).

1936
Golpe militar: presidencia de David Toro.
Fundación de Yacimientos Petrolíferos Fiscales Bolivianos (YPFB).

1937
Organización de la Confederación Sindical de Trabajadores de Bolivia (CSTB).
Anulación de las concesiones a la Standard Oil.
Derrocamiento de Toro por Germán Busch.

1938
La Convención Nacional elige presidente a Busch.

1939
Formación del Partido Socialista Obrero Boliviano (PSOB).
Código del Trabajo.

Entrega al Banco Central de las divisas provenientes de la exportación. Nacionalización del Banco Central y creación del Banco Minero.

Suicidio de Busch. Asume Carlos Quintanilla.

1940

Enrique Peñaranda elegido presidente.

Fundación del Partido de la Izquierda Revolucionaria (PIR).

1941

Organización del Movimiento Nacionalista Revolucionario (MNR).

1942

Masacre de Catavi.

1943

Revolución dirigida por Razón de Patria (RADEPA) y el MNR.

1944

Fundación de la Federación Sindical de Trabajadores Mineros de Bolivia (FSTMB).

Ingreso del MNR al gobierno.

1945

Primer Congreso Nacional Indígena.

1946

Derrocamiento y linchamiento de Gualberto Villarroel.
Tesis de Pulacayo.

1947

Elección de Enrique Hertzog.

1949
Presidencia de Mamerto Urriolagoitia.
Insurrección del MNR.

1950
Fundación del Partido Comunista de Bolivia (PCB).

1951
Triunfo del MNR en las elecciones.

1952
Nacionalización de las minas.
Fundación de la Central Obrera Boliviana (COB).

1953
Reforma agraria.
Reorganización del ejército.

1955
Código del Petróleo.

1956
Plan de estabilización.
Contrato con la Bolivian Gulf.

1964
Derrocamiento del MNR.
Gobierno de René Barrientos.

1965
Masacre de mineros.

1967
Primera acción militar de la Guerrilla del Che.
Masacre de San Juan.
Asesinato del Che.

1969
Muerte de Barrientos. Gobierno de Alfredo Ovando.
Nacionalización de la Bolivian Gulf. Guerrilla de Teoponte.

1970
Gobierno de Juan José Torres.

1971
Instalación de la Asamblea Popular.
Derrocamiento de Torres.
Gobierno de Hugo Banzer.

Bibliografía

Libros

ANTEZANA, LUIS: *El feudalismo de Melgarejo y la Reforma Agraria (proceso de la propiedad territorial y de la política de Bolivia)*, s.n., La Paz, 1971.

_____: *La contrarrevolución del 4 de Noviembre de 1964: Historia secreta del MNR*, Instituto de Investigación, Formación y Capacitación Democrática Carlos Montenegro, s.l., 2006.

BARCELLI, AGUSTÍN: *Medio siglo de luchas sindicales en Bolivia 1905-1955*, Estado, La Paz, 1956.

BETHELL, LESLIE: *Historia de América Latina*, Crítica, Barcelona, 1992.

CAMPO, HUGO DEL: «Villarroel: Ejército y nacionalismo en Bolivia», en *Historia de América en el siglo XX*, t. 3: *Segunda posguerra: nacionalismo, liberación y Guerra Fría*, CEAL, Buenos Aires, 1986.

CHIAVENATO, JULIO JOSÉ: *La guerra del petróleo: cuando la Shell y la Standard Oil derramaron en El Chaco la sangre de jóvenes paraguayos y bolivianos*, Historia y Pensamiento Latinoamericano, Buenos Aires, 2005.

CONDARCO MORALES, RAMIRO: *Zárate. El «Temible» Willca: Historia de la rebelión indígena de 1899*, Renovación, La Paz, 1983.

GALLEGO, MARISA; TERESA EGGERS BRASS y FERNANDA GIL LOZANO: *Historia latinoamericana 1700-2005*, Maipue, Buenos Aires, 2006.

HOBSBAWM, ERIC: *Marxismo e historia social*, Tebeka, México, 1983.

_____: *Historia del siglo xx*, Crítica, Buenos Aires, 1998.

JUSTO, LIBORIO: *Bolivia: la revolución derrotada*, Razón y Revolución, Buenos Aires, 2007.

KLEIN, HERBERT S.: *Orígenes de la revolución nacional boliviana: la crisis de la generación del Chaco*, Liberia-Juventud, La Paz, 1987.

LORA, GUILLERMO: *Historia del movimiento obrero boliviano*, t. 3 (1923-1933) y t. 4 (1933-1955), Los Amigos del Libro, La Paz-Cochabamba, 1970.

LOWY, MICHAEL: *Aviso de incendio*, Fondo de Cultura Económica, Buenos Aires, 2002.

MESA, JOSÉ DE; TERESA GISBERT y CARLOS D. MESA GISBERT: *Historia de Bolivia*, 6ta. ed., Gisbert y Cía., La Paz, 2007.

MIRES, FERNANDO: *La rebelión permanente: Las revoluciones sociales en América Latina*, Siglo XXI, México, 1996.

PLA, ALBERTO J.: *América Latina siglo xx: Economía, sociedad y Revolución*, Carlos Pérez, Buenos Aires, 1969.

SORIA GALVARRO, CARLOS; JOSÉ PIMENTEL CASTILLO y EDUARDO GARCÍA CÁRDENAS: *1967: San Juan, a sangre y fuego*, Comité de Conmemoración del XL Aniversario del Asesinato del Che, Azul Editores, La Paz, 2007.

TABOADA TERÁN, NÉSTOR: *Tierra mártir: del socialismo de David Toro al socialismo de Evo Morales*, Editora H & P, Cochabamba, 2006.

ZAVALETA MERCADO, RENÉ: *Bolivia: El desarrollo de la conciencia nacional*, Los Amigos del Libro, La Paz-Cochabamba, 1967.

_____: «Consideraciones generales sobre la historia de Bolivia 1932-1971», en *América Latina, historia de medio siglo*, coord. Pablo González Casanova, Siglo XXI, México D. F., 1985.

_____: *La caída del MNR y la conjuración de Noviembre*, Los Amigos del Libro, La Paz-Cochabamba, 1995.

Publicaciones periódicas y digitales

JÁUREGUI, CARLOS (): «Arielismo e imaginario indigenista en Bolivia», *Revista de Crítica Literaria Latinoamericana*, no. 50, Lima-Hanover (sitemason.vanderbilt.edu/files/h/h9095S/Arielismo_indigenismo), 2004.

LOZADA, MARIO: «Nacionalismo, socialismo y clase obrera en Bolivia», en *Historia del Movimiento Obrero*, no. 101, Ed. CEAL, Argentina, 1992.

ROJAS, NEMESIO y RICARDO RODRÍGUEZ: «La matanza de San Juan», en *Transformaciones en el Tercer Mundo*, no. 18, Ed. CEAL, Argentina, 1974.

SACCHI, HUGO M.: «Torres: el nacionalismo revolucionario en Bolivia», en *Historia de América en el Siglo XX*, no. 35, Ed. CEAL, Argentina, 1985.

SANJINÉS, JAVIER: «Reflexiones sobre el historicismo», en *El Juguete Rabioso*, núm. 105, mayo, La Paz, 2004.

TABOADA TERÁN, NÉSTOR: «La masacre de Catavi», en *Historia del Movimiento Obrero*, no. 43, Ed. CEAL, Argentina, 1973.

es.wikipedia.org/wiki/Leyes_de_Indias

es.wikipedia.org/wiki/Lumpemproletariado

es.wikipedia.org/wiki/Sísifo

www.cialc.unam.mx/pensamientoycultura/biblioteca%20virtual/ diccionario/arielismo.htm

www.pt.org.uy/textos/temas/pulacayo.htm

www.stanford.edu/~kalu/Moderni.html

Sobre el autor

NOEL PÉREZ, inmigrante boliviano radicado en Argentina, militante social, forma parte de la Cátedra de Formación Política Ernesto Che Guevara-Colectivo Amauta en Buenos Aires.

www.ingramcontent.com/pod-product-compliance
Lightning Source LLC
Chambersburg PA
CBHW020853160426
43192CB00007B/913